别以为你会带团队

经典管理法则
赋予团队爆表战斗力

赵伟◎著

中国华侨出版社

图书在版编目（CIP）数据

别以为你会带团队 / 赵伟著 . —— 北京：中国华侨
出版社 , 2015.11
　　ISBN 978-7-5113-5790-8

　　Ⅰ . ①别… Ⅱ . ①赵… Ⅲ . ①企业管理 – 组织管理学
Ⅳ . ① F272.9

　　中国版本图书馆 CIP 数据核字 (2015) 第 281330 号

别以为你会带团队

著　　者：赵　伟
出 版 人：方　鸣
责任编辑：若　奚
特约编辑：刘青丽
封面设计：洪　珺
版式设计：顾小固
经　　销：新华书店
开　　本：166mm×235mm 1/16　印张：18　字数：288 千字
印　　刷：北京京都六环印刷厂
版　　次：2015 年 12 月第 1 版　　2015 年 12 月第 1 次印刷
书　　号：ISBN 978-7-5113-5790-8
定　　价：39.80 元

中国华侨出版社　北京市朝阳区静安里 26 号通成达大厦 3 层　邮编：100028
法律顾问：陈鹰律师事务所
发 行 部：（010）82068999　传真：（010）82069000
网　　址：www.oveaschin.com
E－m a i l：oveaschin@sina.com

如发现印装质量问题，影响阅读，请与印刷厂联系调换。
质量投诉电话：010-82069336

目录
Contents

第一章

什么样的团队
才是最优秀的团队

　　世界上总有一些企业能够保持常青，而其他一些企业则转瞬即逝，这就是优秀企业与普通企业的区别，也是市场竞争淘汰机制下的一种正常现象。为了更好地生存和发展，谁都希望自己拥有一个出色的企业，拥有出色的团队，可是出色的团队并不是简简单单地依靠资金、技术和人才堆砌而成的，优秀的团队应该具备一些特质和优势。

一、团结协作的统一战线

不少人都剖析过大公司的生存之道，对于它们总能在市场上势如破竹，而且能够长时间维持自己的市场地位感兴趣。事实上你也能找到一些原因，比如大公司往往有技术、有资金、有资源，也有先进的制度。但实际上可能会忽略一个关键因素，那就是它们的企业文化，这种企业文化往往使整个公司形成一个强大的一体化的团队，而且它们在团结协作方面所做的努力可能远远超出外界的想象。

团结协作是一个优秀团队必备的要素，可以说任何一家优秀的企业和团队都是一个合作整体。只要粗略地了解世界企业发展历史，就能够发现一个共性，那就是但凡优秀的公司，它们的内部总体来说都是和谐的，毕竟内部斗争和分歧很可能会毁掉一切，任何一个团体实际上都逃不开这种命运。

成就一个精英团队的核心就是团结合作，比如乔布斯，他也要寻找一个帮手，也需要找到库克这种能够帮助营销、打开国际市场的专业人才，苹果公司的创意才能被世人所熟知，继而成为世界上最伟大的电子科技公司。比尔·盖茨也是一样，这位微软创始人可能是这二十年来最具代表性的经济风云人物，但他的创业离不开好伙伴保罗·艾伦，实际上是这两个人携手创造了后来的微软帝国。

不仅仅是这些公司，像华为、阿里巴巴、百事可乐、联想等公司也是一样，其公司内部都是拧成一股绳的，这种向心力让整个团队变得坚不可摧。反过来说，一个公司如果总是处于分裂状态，那么最终很可能走向灭亡。

在这里，不得不提一下克莱斯勒公司，这家汽车公司在艾柯卡接手之前，就已经颇具规模了，只不过由于管理不善，公司陷入困境，濒临破产。实际上这家公司的症结在于内部人员不团结，领导们只想着如何捞油水，员工们从来不关心公司生产和销售情况，人人都很自私。加上内部体制僵化，各个部门相互限制，各自为政，导致整个体系运行不畅，这样就导致了公司的业绩每况愈下，最终负债累累。

当艾柯卡被聘为经理后，意识到公司存在的问题，于是开始了大刀阔斧的改革。为了节约成本，他决定削减自己的工资，此举成为大家团结在一起的开端。之后大家开始放下成见和个人的私利，所有人的目标保持一致，最后整个团队在两三年内就从破产状态转而实现了盈利。之后的几年，在这个强大团队的共同努力下，克莱斯勒不仅恢复元气，而且成为了全美三大汽车制造商之一。

像克莱斯勒公司一样，很多优秀的团队也是依靠合作走向巅峰的，但也有很多公司没有意识到合作的重要性，虽然这些企业也看重团队，想方设法招最优秀的员工，寻找最出色的人才，但是当它们把这些所谓的高尖端人才放在一起时，并没有起到任何"化学反应"，甚至还出现了相互排斥等问题。其实团队中每个人都很优秀，并不意味着整个团队就很优秀。只有契合度高，能够合作和相互包容的团员，才能够保证效率最大化。

实际上，在古代人们就意识到团队协作的重要性，从远古人的集体狩猎，到埃及人建造金字塔，再到现代军事、政治、经济体系内的分工协作，这就是一种合作精神的传承，谁配合得更好，谁的团队就更强大。

在中国，这类法则一直都很盛行，汉朝的刘邦就是因为拥有好的团队，才成为了秦朝之后的统治者。论军力和队伍，刘邦都比项羽差很多，但是他的谋士和良将们懂得分工协作，并且合成了一股力，最终发挥出了惊人的战斗力。唐僧带领的取经小组也是一个优秀的队伍，在队伍里面，唐僧是领导，是管理整个小组的中枢；孙悟空像打手，是打妖怪的先锋；猪八戒是黏合剂和催化剂，能够维系队伍的平衡；沙僧沉默寡言，实际上是少有的实干派。这四个人职责不一，但是目标一致，而且四人总能在最关键的时刻团结一致，发挥出强大的团队战斗力。这也是在取经路上，面对许多战斗力强大的妖怪，他们依然能够取胜的原因之一。

优秀的团队必定具备优秀的理念，这种理念的核心就是团结与合作，如果你忽视了这一点，那么你的团队就容易沦为平庸，队员们的天赋也会被浪费和消磨掉。所以对于一个领导者来说，想要让整个团队成为最优秀的队伍，那么就要懂得让所有的队员站在同一战线上，并且发挥出合作的精神。

二、执行力一流的队伍

　　说起执行力，多数人的第一反应恐怕是军队，军队的纪律性是一流的，执行力也是一流的，军人的天性就是服从，按时完成上级交代的任务。有人做过试验，让最专业的工程队和军队进行施工比赛，在设计图纸和项目规划确定好的情况下，军队往往会率先完成施工项目。之所以会这样，就是因为军人具有一流的执行力，他们自然会成为最优秀的队伍。

　　美国人在修巴拿马运河的时候，遇到了很大的困难，工程进度非常缓慢，这让美国时任总统西奥多·罗斯福很不高兴。他一连换了两个工程负责人，最后找到了乔治·华盛顿·戈瑟尔斯，此人是西点军校的毕业生，由他来监管工程再适合不过，因为一个军人会打造出执行力一流的施工队伍，下面的人就不会找借口，不会质疑和拖延。事实上，这次的换帅行动取得了显著的效果，戈瑟尔斯很快带领队伍完成了任务。

　　很多时候，执行力就等同于效率。很多公司都会产生这样的疑惑，为什么公司各个部门找的都是专业领域内顶尖的人物，都是高学历的人才，可是他们一进入公司后就没有办法创造出应有的价值？的确如此，这些人可能都是名牌大学毕业，都具备丰富的专业知识，可能也有丰富的工作经验，他们能够提出非常好的点子，能够为公司提供非常绝妙的参考意见。可实际上这些人也许太喜欢质疑，太喜欢追求完美，上级部门的任何一个命令、任何一个计划，到了他们这里很可能会被延期。他们会分析计划是否可行，会思考一下还有哪些是不够完美的，会想方设法在骨头里挑刺，而这些不完美就成了他们不动手的理由。所以哪怕公司的计划再出色，哪怕公司的命令再坚决，到了下边，很可能会遇到阻力，从而变成一个悬而未决的议案。

一个团队如果出现这种状况，那么其结果很可能是致命的，因为这种漫长的审核和质疑过程很可能会毁掉发展的好时机，让那些好的想法和理念面临搁浅的危险，整个公司的办事效率会大打折扣。事实上，平常提出的任何一个点子，其本身不具备任何价值，只有具体实施开来，才能创造出应有的价值。

在和埃克森石油公司合并之前，美孚石油公司是一百年来世界上最出色的石油公司之一，无论是生产，还是开拓市场，它都要比其他公司做得更好一些。原因很简单，整个公司更加注重效率，而这种效率来源于高人一等的执行力，要知道公司的创始人洛克菲勒就是一个注重执行力的人。

在美孚石油公司，员工在工作上绝对不允许有拖延，只要制定了规划、下达了命令，下边的人就必须无条件地立即落实和执行。每个部门的员工要被要求"听见了，然后去做"，如果有人对上级下达的命令拒不执行或者借故延期，那么就可能被革职。"要么立即去做，要么立刻走人"，几乎成了美孚公司的口号。

"执行命令，立即行动"，是优秀企业的一个标志。曾经有个经济学家对一百多家企业做过一项调查，发现那些来自上级的命令，从传达到最终执行，平均需要两天半的时间。两天半看似很短，实际上却包含着各种错失最佳机会的可能性，而且两天半所带来的风险会增加27%，最重要的是减慢了办事的速率。

如果你是一个领导，一定希望自己的团队是最优秀的，是最具有办事效率的，而且也必须是最能服从你的命令的，那么这就要求团队有一流的执行力，甚至是超一流的执行力。这个时代并不缺乏好的点子，每年那些去大公司应聘的人或多或少都会带去些好点子、好创意，而那些大型公司也乐于征集一些出色的计划和理念，但是说到底执行才是最重要的，而偏偏有一流执行力的人才又是最短缺的，所以说执行力度的缺失才是影响那些公司创造更大价值的拦路虎。

在一些大型公司，每年都可能会有许多非常好的计划，有各种不同的理念，不过在即将实施的时候，往往会因为各种困难而"胎死腹中"。不是因为技术不行、资金不到位，更不是因为企业的理念和创意不行，而恰恰是因为好想法没有被很好地执行。当整个团队还在拖延的时候，其他公司可能已经抢先实施这个计划了。

执行力可以说是企业文化的一部分，也可以说是一种习惯。如果一个团队中的每个队员都能够提升自己的执行力，做到立即行动，不拖延，不找借口，不退却，那么团队的整体效率就会得到提高。

《把信送给加西亚》这本书曾经风靡全球，激励了许许多多的人，至今仍在社会各个领域产生深远的影响。书中的核心实际上就是执行力，罗文在接受任务后，没有问为什么，没有问如何送信，没有为接下来面临的诸多麻烦和困难找借口，而是立即实施行动。事实上，无论是企业，还是政治团体，如果员工们都具有罗文的执行力，那么这个团队就是最优秀的，没有任何理由不获得最终的胜利。

三、创新求变的"冒险家族"

诺基亚公司有着辉煌的历史，在其巅峰期，手机的销量几乎占据了世界的80%，在2000年的时候，甚至有人断言这个百年老字号还会继续统治世界一百年。然而正是这样一个巨无霸，最终倒在了苹果公司和三星公司面前。从今天往回看，诺基亚帝国的陨落就是因为创新力度不够，整个团队过于封闭和自信，它始终认为手机仍然是键盘时代，却忽视了人们对于新操作方式的追求，不仅如此，它还坚持使用原来的塞班系统。

而苹果和三星则抓住了这一点，苹果公司更是创造性地将手机键盘消除，改用虚拟键盘，实际上这样的创意改变了手机消费方式，并且引起了一场智能机的革命。而且苹果公司还专注研发自己的IOS系统，而这个系统实际上完全迎合了智能机时代的需求。虽然苹果公司及其团队也预估过触屏机和新系统可能带来的风险，毕竟改变一种由来已久的使用方式很困难，但是它最终选择了冒险，而且这冒险确实很值，它直接导致诺基亚的衰败，同时也对手机市场重新洗牌。所以后来的智能机市场成为了苹果和三星的天下，更重要的是，华为手机、小米手机、联想手机也后来者居上，相继超越了诺基亚。2013年，这个曾经市值达到1700亿美元的巨头，最终将自己的手机业务以73亿美元的低价卖给了微软，至此诺基亚已经名存实亡。

诺基亚死于保守，其整个团队也为保守和顽固付出了代价，作为拥有一百多年光辉历史的大品牌，诺基亚最终被一个缺乏市场敏锐度、缺乏创新意识和冒险精神的团队误导。实际上造成这个悲剧的并不全是因为某一个团队，但是这个团队的确要负很大的责任。

随着社会的不断变革和发展，人们对于新事物的渴望越来越大，新旧事物的更换频率也越来越快。这就意味着所有的企业和公司要想办法寻求突破，想办法创新，毕竟现如今，谁更具有创新意识，那么谁就最有可能把握潮流，就最有可能赢得市场。

比如最近几年，在国际市场最出风头的中国企业当属华为公司，这个优秀的团队被国外形容为狼。

为什么华为公司会如此优秀呢？这个团队征服世界的一个重要方法就是创新。在多数人眼中，中国企业、中国产品都处于粗制滥造或者仿造水平，这虽然是一种误解，但中国企业缺乏创造力却是不争的事实，华为却并不这样。

为了打造最优秀的团队，华为多年来一直花很大的成本来搞研究，提升公司的创新能力。此外，华为公司在国内外设有多个研发中心和联合创新中心，还投入了巨额资金来研发新产品，这些资金占到了公司总营业额的10%。公司的一位高管曾经表示："研发的10%如果投不下去，是要被砍头的。"到2013年的时候，华为投入的研发资金达到了惊人的53亿美元。而在此前一年，华为累计获得授权的中国专利是21000多件，累计获得授权的外国专利也达到了惊人的8000多件。到现在，这个数字还在不断增长。从这样一组数据中可以看出，华为对于创新的狂热追求，而这种狂热也促成了华为屹立于世界之巅，华为的队伍也跻身于世界一流的队伍。

物竞天择，适者生存。所谓强者，所谓适者，实际上就是那些创造者，他们能够走在时代变革的前列，总能够发现新的商机，能够引领新的潮流，这就是优秀团队的必备元素，优秀的队伍就应该有改变一切的勇气。

当然，总是有公司要被淘汰，总是有团队会走下历史舞台，这是经济发展过程中的法则。这个世界上有很多出色的团队，其成员很能干，很有实力，工作也很卖力，他们也拥有绝对的默契，可是市场最终还是会将他们淘汰掉，因为他们很可能故步自封，或者说始终没有办法突破发展的"瓶颈"，这一点在现代社会就是硬伤。每一天，可能都有一些企业倒闭，你不能说这些团队很差，但他们确实不够优秀，确实已经跟不上时代的发展速度和节奏了。

如果说过去是五十年、二十年，甚至是十年一个时代，那么现在可能五年就是一个时代，如果你的团队没有创造力，那么五年之后就会沦为平庸。对于企业乃至整个社会来说，科学技术是第一生产力，那么创新就是第一科技，创新就代表着财富，代表着机会，代表着市场，代表着未来。如果你愿意去创新，愿意去冒险，愿意尝试那些新鲜事物，那么你的队伍就很可能会走到别人的前面。

有人说："差的企业永远跟着别人做产品，好的企业在争取将现有的产品做得更好，而优秀的企业时刻想办法生产新的产品。"这句话恰恰反映出了位于不同层次和水平的企业发展现状，如果说这是一面镜子，那么领导们是否意识到自己的企业归于哪个水平呢？

这个时代永远属于那些创造它或改造它的人，而不是属于那些跟随它的人。所以管理者必须要意识到这一点：创新始终承载着最优秀的基因，它是一个好团队不可或缺的因素。

四、高标准高要求的自我强迫派

这个时代不缺乏完美主义者，他们无论做什么都尽量要求完美无瑕，凡事都以高标准、高要求来约束自己，任何一点缺陷和不足都会令他们抓狂。从心理学的角度来说，这属于强迫症的一种，而这种自我强迫实际上更像是一种病，多数人可能都会排斥这种症状，会反感这一类人。

不过有一点不可否认，那就是高标准、高要求的人通常都具备成功的潜质。相比大众而言，他们更容易获得成功，他们在社会各个方面所取得的成就比普通人要更大一些，毫不客气地说，这类人可能是社会精英。这一点并不难理解，因为越是强迫自己做到更好的完美主义者，他们对于工作的态度会更加认真专注，而且会想方设法寻求最佳方案，他们所花费的时间和精力，以及对工作的热情都远超常人。

虽然这些人和别人很难融洽相处，但是，如果他们同属于一个团体的话，那么就会相互激励、相互补充、相互监督，这样能够最大限度地确保任何一个方案和工作的完美展开。从这一个角度来说，这样的团队无疑具有很强的天赋。

"二战"时期的巴顿将军就是一个完美主义者的典范，他常常要求部下完成超长的训练和作战任务。不仅如此，他还对士兵的着装进行监督，若是有人忘了戴钢盔或者鞋带松了，很可能会遭受严厉的责罚。原因很简单，他不希望自己的士兵总是保持懒散无力的样子，而且鞋带松了或者没戴钢盔都可能会在战场送命。正因为时刻都以高标准要求自己的士兵，所有的将领和士兵也严格要求自己，凡事做到最好。正因为如此，巴顿将军的监督成就了"二战"中最令人闻风丧胆的铁血之师。

追求完美并没有什么不好，毕竟有所追求才能有所成就，而有更高追求的人，成就往往也就越高。对整个团队来说也是如此，喜欢追求完美的团队通常都具备很高的素养和能力，所能创造出的价值也很大。在这个世界上，那些优秀的团队往往拥有一种特质，那就是"让自己变得更好"，所以他们习惯了精益求精，习惯了好上加好。

石油大亨洛克菲勒在工厂上班的时候，被分配到车间检查石油罐有没有焊接好。当时有些资历很老的员工对他说，每焊接好一个罐盖需要耗费39滴焊接剂，而这种焊接技术已经是最出色的了。不过洛克菲勒并不信，他决定亲自动手试验，以便做到更好，经过一段时间的试验和改进，他发现只要焊接得当，耗费38滴焊接剂就可以完成工作，为此他发明了著名的"38滴焊接机"。不仅如此，他还将这种技术在整个部门和公司推广开来，要求每个员工都要按照正确的方法使用这些焊接机，最终为公司节省了大量的成本。

这样就不难想象为什么洛克菲勒能带领自己的团队打造如此强势的石油帝国。同样，为什么LV总是那么受欢迎？并不仅仅是因为它是奢侈品，而是因为它讲究做工，注重追求每一个细节上的完美。整个公司从领导到员工，每个人都在以最高标准来衡量自己的作品，以最出色的设计理念来服务于自己的客户。一旦团队里有人觉得产品不合时宜，很可能会因此更改自己的设计。基于这种高标准的自我要求，LV一直以来都保持最高的制作水准，这个团队也顺理成章成了同行中的佼佼者。

实际上多数企业都是循规蹈矩、按部就班的，不愿意花费更多的时间和精力去做那些已经成熟的东西。就像现在的智能电子产品一样，可能很多厂家都会做，很多厂家都可以生产这类产品，因为它只要满足人们日常所需的一些功能就行。换句话说，它已经可以在市场上流通，而且能够迎合人们的需求，而这些厂家只追求用户是否好用，而没有替用户着想该如何用得更好。正因为如此，称得上优秀的电子产品以及电子产品制造商永远都是那么几家，它们永远都注重自我改进，永远都在寻求更好的设计方案。

很多时候，对于那些追求完美的人，大家会认为他们在吹毛求疵，但实际上社会的进步就需要一种较真的精神。一个优秀的企业、一个好的团队也应该这样，要懂得较真，要懂得寻找错误和缺陷，要善于精进。从普通到出众，从出众到优秀，从优秀到卓越，这是一个好团队的标志。

福特公司的创始人福特说过："如果我们有机会做到更好，那么绝对不应该在这个时候就提前庆祝。"正因为如此，福特公司一直以来都是世界上最优秀的公司之一。而戴尔公司也是如此，戴尔先生曾经对媒体表示："最让我恐惧的并不是我们的产品获得了失败，而是有人告诉我说企业研制出的产品已经无可挑剔，如果说我还有什么野心的话，我只是希望目前的一切还能够变得更好。"

"还能够变得更好"应该是一个企业孜孜追求的东西，也应该是一个团队的终极目标。如果你和你的团队意识到自己还能做到更好，或者有理由去做到更好，那么你们没有理由不成为世界上最出色的团队。换句话说，如果你想组建自己的团队，那么这些完美主义者是不错的选择。

五、高瞻远瞩的团队

　　曾经有个经济学家批评国内的企业目光短浅，永远都在为眼前的既得利益而争吵不休，它们没有想过其他更具有价值的东西。很多企业明明可以干实业，可以办工厂，甚至接触一些高新技术产业，但是为了更快地获利，它们可能最终会选择做房地产，因为房地产来钱最快。它们可能会实行多元化战略，生产手机，因为智能机的确也能够带来额外的利润。可是从长远的发展来说，房地产行业的发展趋势可能会趋于平稳，而市场的饱和度不断增加以及泡沫的出现又会带来很大的投资风险。至于投资手机等产品，虽然挂着多元化战略的旗帜到处圈钱，但实际上却因为精力过于分散，而错过了本职工作，最终可能什么也做不好。

　　多数时候，企业都犯下了战略性的错误，它们太看重眼前的收益，过于重视暂时的发展，却忽略了长远的目标，这也是企业不能够走得更远的原因。很多企业的发展黄金期只有几年，寿命也不过十几、二十年，原因可能就在于战略决策的失误，或者说缺乏战略目标，而只是跟着眼前的利益走。

　　事实上，那些专注于未来、高瞻远瞩的企业和团队，总是能够在市场竞争中占据主动位置，总是能够躲避一波又一波的经济风险，并且顺利赢得更多的利益。"股神"巴菲特是投资方面的专家，他曾让自己的团队探讨购买可口可乐股票的可能性，当时的可口可乐公司发展并不那么景气，市场也不大，但是巴菲特和他的团队一致认为可口可乐一定会成为世界级的饮料，所以他和整个团队决定购买大量的可口可乐股票。此举在当时被认为是世界上最愚蠢的投资，人们觉得巴菲特在一个饮料上花大价钱无异于把钱拿去打水漂。可事实上，可口可乐公司在度过困难期后迅速发展和扩张，其市值也以几十倍甚至几百倍的速度增长，结果巴菲特和他的团队赚了个盆满钵满。

即便是今天，巴菲特和他的投资公司仍旧看重长线投资，只要是他觉得有发展潜力的股票，他就会花大价钱购买，至于短线操作，他向来不感兴趣，因为他不太相信暂时的股价暴涨会真的让他受益良多。正是因为始终秉持登高望远的长线投资理念，他的团队成为了世界上最出色的投资公司之一，他本人也成为最成功的投资家。

当一个人、一个团队、一个企业只关注眼前的利益时，其视野会受到限制，也很容易犯下错误，或者是误入陷阱。这是企业最容易犯的错误，尤其是一些新的企业往往会因为暂时的利益诱惑动不动就改弦更张，或者说改做一些投机生意，最终导致企业快速迷失。只有那些习惯于高瞻远瞩的团队，才能够发掘市场背后更大的商机，能够寻找到更为丰富的机会，创造更多的财富。

自己能看见什么、能看到多远，又能走到多远，这是每个团队应该扪心自问的问题，也是需要认真思考的议题。任何一个企业自从组建团队开始，自从创业并逐步进军市场开始，就需要弄清楚一点：自己要做的事情就是把握未来，而不仅仅是现在，因为自己的目标在未来，自己的所有规划都应该是指向未来的。

举个例子来说，现如今社会发展的节奏越来越快，产品的更新换代也越来越快，对于一个优秀的企业和团队来说，至少应该看到五年以后市场上最需要什么，应该知道五年之后什么最受欢迎，要了解五年以后整个行业的发展趋势，如果你能够知道这些，那么就可以提前做好准备，即便一开始会亏损，但是五年之后，你会是这个行业的领先者。这是一个优秀团队必备的视野，好的团队不应该只专注当下的发展，而要将目光延伸到未来，要看到更深更远的东西。这就像当年美国西部的淘金热一样，人们争相涌入西部去淘金，可是真正能够发大财的人少之又少，多数人则是空手而归，一些人甚至客死他乡。有的人可能看得更远更有水平，他们有的在那里生产裤子；有的卖铁锹；有的专注于开饭馆、酒楼，这些人虽然失去了挖到黄金而一夜暴富的机会，但是最终从掘金者手中挣到了更多的钱，最重要的是他们建立起自己的产业。

无论是个人还是一个企业，都很容易被眼前的表象所迷惑。事实上，今天的市场也存在类似的淘金热，每个人都想要在短时间内致富，都想参与到那些获利最快的行业中去，都想着如何抓住眼前发财的机会，可是最终大都沦为平庸，最终都被市场淘汰，最终为自己的目光短浅付出了代价。

企业当然也都是谋取利益的，但是着眼于未来，着眼于更深层次，并没有违背取利的原则，有时候只是换了一种更好的办法来赢得更大的利润而已，只要你具备这样的耐心和取舍心态，只要你具备这样高远的目光，那么你收获的利益会更大。

很多时候就是这样，你的眼界决定了你所拥有的世界，对于一个想要有大作为的团队来说，必须志存高远，必须将内心扩容到更远更大的地方；对于一个团队来说，一味看重眼前的话，至多只是把握住了现有的一点机会，如果能够看得更远一些，就意味着能够自己创造出机会。而企业必须能够自己创造机会，能够把握好未来发展的趋势，并将这种趋势转化为最大的财富。从这一方面来说，高瞻远瞩的企业必定是具有智慧和发展潜力的团队。

六、少说多做的实干派

很多人都会产生这样的疑惑：我们的思维能力和设计能力都是一流的，可是为什么做起来不能成功？这个问题可能是多数企业最容易受到困扰的问题，答案很简单，想想过去的 24 小时你都在做些什么，想想过去的半年或者一年，你的团队都干了些什么，一切自然能够明了。

不可否认的是，一个团队的价值往往体现在业绩上，体现在具体的成绩和数据上，而业绩是需要人实打实做出来的，你们做了多少，价值就能够体现出来多少，因此事情的根本还是应该回归到"做"上来。

不过很多企业团队可能并没有落实好这一点，他们热衷于开会，热衷于探讨各种计划，热衷于分析和设计，他们每天都围绕着那些新点子大做文章，重复"我们要做什么""我们应该做什么""我们还能做什么"，但是到最后他们又到底做成了什么呢？

这是一个危险的习惯，而这种习惯可能会出现在一些新企业当中，这些团队往往很有想法，也有很大的抱负和野心，甚至于它们可能想要做一些别具一格的事情，因此其规划常常有三四套的方案，它们的会议是隔三岔五地进行，其队员是公认的演说能手。不过他们很可能犯了一个大错，那就是说得太多而做得太少。

　　一个公司如果每周都要开两三次甚至更多次会议，那么这个公司多半都不正常；一个企业如果有数不清的规划和设想，那么也是危险的。因为当你每天都在增加和讨论那些新点子时，实际上已经浪费掉了践行它们的时间。

　　有一家跨国公司的老总曾经致力于帮助国内的企业界新人，给他们提供各种平台，不过这位老总坦言，多半的团队最终都不达标，原因就在于那些团队似乎更加喜欢讨论问题和设计方案。有些公司甚至准备了一百多套方案和好几十个非常好的点子，可是它们缺少了这些方案的具体规划和落实措施，或者说它们可能根本就没有想过该如何落实。

　　这让老总颇为失望，因为多数团队向他展示的都是理念，只是说自己想要做什么，自己未来应该做什么，却没有告知该怎么做，也没有将那种决心和成绩展示出来。他坦言现在有很多小公司和小团队想要走捷径，通过卖点子、卖理念来赢得投资，却不知道发展的前提就是实打实地去做。正因为如此，他最后选择扶持那些拿出了具体产品的企业，因为它们是唯一将理念转化为产品的团队。

　　马云说过很多人晚上想好千条路，早上醒来走原路，这种人好歹有路在走，有些人可能晚上想好了千条路，白天醒来仍旧在想更多的路，这样的人、这样的团队是难以获得成功的。因为机会不会因为你的计划和设想而来到你面前，价值也不会因为你的想象力而直接兑换成财富。

　　实际上很多企业并没有什么好点子，它们的产品也平淡无奇，营销方式也算不上多么有特色，但是它们始终都在努力践行自己的计划，始终都在脚踏实地地去做，所以最终获得了成功。像可口可乐公司始终都在卖同一款饮料，没有太多花哨的理念和计划，但它的团队一步一个脚印走到了世界各个角落。而有些饮料品牌，想着多元化战略，想着各种精美的包装，想着如何改变口味，可是到最后什么也没做成，至多还是一个半死不活的中小企业。

这个世界需要的是实干家，而不是浪漫主义的设想家，因为抓住机会、创造财富永远都要靠自己的双手，只有去做，只有多做，你才能收获更多，才有机会将自己的业务做强做大。所以即使你有一百个好的理念，不如抓住一个切实可行的方法来实施，这样可能更为合理。一个普通的方案，只要你及时去做，总还是会产生价值的，而那些好的理念，即便再怎么高端大气上档次，如果一直都只是嘴上功夫，那么最终也不过是废话一堆。

如果领导们有兴趣做一个调查，那么会发现多数跨国公司或者世界500强的企业，它们成功的秘诀肯定不是其理念有多么先进，不是它们的备选方案比别人更多，不是其产品设计比别人高出好几个档次，而恰恰是其总是能够有所想就有所为，这些团队的成员都是天生的实干家。

黑猫白猫能够抓到老鼠的就是好猫。对于团队来说也是如此，一只猫只要肯踏踏实实去抓住老鼠，那就是猫中的精英，如果它每天晚上都趴在房梁上思考该搞伏击还是突袭，是主动进攻还是被动地守株待兔，设计各种各样的抓捕方案，那么这只猫很有可能什么老鼠也抓不住。

还是那句老话，这个世界并不缺乏好点子和好计划，但是缺少真正去实施的实干家，具有实干精神的团队才称得上是王牌队伍，所有的成绩不是设计出来的，而是用双手做出来的。毕竟只有去做了，才会积累经验和创造财富，整个计划才能在稳步前行中得到完善和推进。

企业的确需要梦想，但只有那些肯去做也敢于去做的团队，往往才真的算得上是造梦者，如果只是躺在那儿想，那么这样的团队恐怕永远都只能活在自己的梦里。

七、善于坚持的队伍

阿里巴巴创始人马云说过："永远不要跟别人比幸运，我从来没想过我比别人幸运，我也许比他们更有毅力，在最困难的时候，他们熬不住了，我可以多熬一秒钟、两秒钟。"

这里有一个数据很能说明这个问题，在马云创业之初，曾经有30多家互联网公司在做和他一样的事，这些公司都是阿里巴巴最强劲的对手，可是到了现在它们全部都倒闭了。这并不是说阿里巴巴更强大，也不是说马云这个人运气足够好，其根本原因在于马云更善于坚持，阿里巴巴的整个团队更善于坚持。要知道在阿里巴巴最困难的时候，员工们对工资是分文不取，他们坚信只要熬过难关就可以获得成功，正是这种特质帮助阿里巴巴这个团队走得更远。

在中国互联网非常不景气的2001年和2002年，各种各样的互联网公司都陷入了经营的困境，阿里巴巴也不例外。当时有很多互联网公司在困境中被市场淘汰掉，虽然阿里巴巴的日子不好过，但是阿里巴巴的员工和马云一样都坚信只要坚持下去，那么就一定可以顺利度过寒冬。正因为所有人都咬紧牙关，硬撑下去，到了2002年年底，互联网开始慢慢恢复了生机，阿里巴巴终于迎来了发展的机遇。

阿里巴巴实际上展示了一个优秀团队所拥有的那种坚持不懈的特质，这种特质实际上是一个团队走向成功的重要保障，也是一个团队最难能可贵的品质之一。事实上每一年都会有很多优秀、有潜质的团队分崩离析，就是因为它们在遭遇困难的时候放弃了，比如有的团队因为失败而被迫放弃；有的团队会因为失败而产生分歧，最终分裂。这很可惜，但同时也恰恰展示出竞争的残酷性。

多数企业可能不乏专业的人才，也拥有足够的技术和资金，有很好的创意和非常好的计划，只不过它们缺乏持之以恒的品质，才会导致最终的失败。任何一个所谓"完美"的方案都会有瑕疵，再加上发展过程中存在各种不可预知的风险，所以发展道路上的困难是不可避免的，阻挠、失败都会主动找上门来，而你和你的团队是否做好了足够的心理准备，是否有决心和毅力始终坚持下去？

对于一个人来说，想要做到坚持不懈可能并不会那么困难，但是对于整个团队来说，由于团队中每个人的承受能力不同，对于目标的理解也会存在误差，这样就导致了困难时期产生的分歧。尽管团队内部很团结，人人相处融洽，可是一旦整个团队长久无法摆脱失利，无法看到成功的可能，那么谁也没有办法保证接下来不会出问题。想要保证整个团队保持耐性和毅力很难，这比让整个团队保持团结要困难得多，正因为如此，善于坚持到底的团队才更加显得难能可贵。

马云说过："今天很残酷，明天更残酷，后天很美好，但是绝大多数人死在明天晚上，见不到后天的太阳。"实际上很多人在面临残酷现实的时候，都会产生一种挫败感，这种挫败感很可能会击垮人的心理防线。此外，失败也会让人觉得自己这样做根本不值得，而一旦这种"不值得"的心理占据主导，多数人就不会再努力去做好一件事情了。都说万事开头难，但将一件事坚持做下去才是最难的。

林肯一直都想成为总统，可是他多次在议员选举中失败，在总统大选中更是连战连败，成为竞争对手的笑柄。可是他始终不肯放弃，他的团队也一直都在背后默默支持他，时刻给予他最强有力的支持，结果这份坚持为整个团队赢得了回报，1860年，林肯终于如愿成为了美国总统。虽然林肯的表现很重要，但是如果整个团队的人缺乏耐心的话，那么他们可能早就抛弃林肯了，那他还拿什么资本去竞选。

一个人最落寞的时候，并不是失败的时候，而是遭遇困难的时候身边找不到一个可以陪着自己走下去的人。对于一个领导来说就是这样，如果没有整个团队在背后支持你，如果没有团队愿意陪着你坚持，那么你的一切计划、一切目标都会彻底中断。从这一方面来说，团队内部应该具备一种默契，这种默契不仅仅是为了应对工作，也不仅仅是为了明确分工，而更应该是一种精神上的支持和统一，所有人都应该有这样的想法："我们应该站在一起，应该继续抱在一起去战斗，彼此之间给予对方最大的支持。"

在今天，坚持不应该仅仅被认为是一种美德，更应该是一个团队习惯性的表现，是一个团队所具备的精气神，当这种精神灌输到每一个队员心中的时候，这支队伍将会是战无不胜的。其成员或许不具备高学历，不具备高技术，不具备充足的资金，不具备广阔的人脉关系，可是他们有一股子狠劲，有一种不达目的誓不罢休的决绝，他们不一定是最强大的，但一定会是最终生存下来的队伍。

八、永远保持乐观的团队

在企业发展的过程中，或多或少都会遭遇一些重大危机，可以说现如今的优秀企业基本上都遭遇过至少一次重大危机，或者曾跌落谷底。不过很多企业家和他们的团队仍旧坚持了下来，并且成为了最好的公司。这些公司有一些共同点，这些共同点不仅仅局限于它们所遭受的挫折，还在于其成员在遭遇困境时的强大心态。

对于很多企业来说，会不会遇到困难并不是最重要的，如何在困难面前保持原有的专注度，保持积极向上的动力才是最重要的。优秀的企业需要这样一种精神内核，需要一种正面的积极的能量，它是构建整个企业文化的基础，也是确保企业不断发展和进化的推力。

泰国商人施利华是叱咤商界的风云人物，可是他和自己的投资团队在 1997 年的金融危机中遭遇了滑铁卢，施利华从亿万富翁变成了一无所有的穷人。正当所有人都为他惋惜和担心的时候，他却高兴地说："好哇，又可以从头再来了。"而他的团队也始终不离不弃，坚信一切可以从头再来，不久之后，他们就东山再起，再次获得巨大的成功。

还有一个经典的例子就是史玉柱和他的巨人公司。史玉柱在 1991 年成立了珠海巨人新技术公司，并且很快就获得了巨大的成功，仅仅一年之后，公司的资本就达到了惊人的 2 亿元，这是史玉柱以及他的团队迎来的第一个事业巅峰。事业获得成功后，史玉柱变得浮躁和骄傲，他准备盖一栋 72 层高的大楼，结果这个浩大的工程很快拖垮了巨人公司，公司从原先的资产 2 亿变成了负债 2 亿，最终导致了破产。

这件事对史玉柱的打击非常大，可是史玉柱最终还是挺了过来，并坚信自己能够东山再起，而且他团队的核心成员一个也没有离开他，虽然大家几个月没领工资，可是他们非常乐观地表示未来公司一定会东山再起，他们对史玉柱本人也非常信任。

正因为大家都对未来抱有希望，所以整个团队又卷土重来，很快在保健品市场找到了商机，这就是脑黄金、脑白金以及黄金搭档，保健品营销使得史玉柱赚得盆满钵满。不仅如此，史玉柱再次回到了 IT 行业中，成立了巨人网络公司，主打网络游戏，最终也获得了成功。2007 年，史玉柱旗下的巨人网络集团有限公司成功登陆美国纽约证券交易所，史玉柱的身家一下子突破 500 亿元。不仅如此，巨人网络上市，直接造就了 21 个亿万富翁、186 个百万和千万富翁，而其中很多都是团队中的成员。史玉柱的成功离不开他出色的能力，但也和优秀的团队密不可分，正因为整个团队始终保持乐观，他们才没有被失败击垮。

对于企业家或者员工来说，由于市场变幻无常，潜在的风险非常多，稍不留意就可能会遭遇挫折，即便是再强大的公司也会遭遇低谷，发展不顺。这个时候，并不是单纯的资金或者技术就可以挽回局势的，关键还是要有一个乐观积极的成熟心态，尤其是领导者更应该保持这样的心态，并让团队中所有的人都能够感受到。

不过，由于人内心深处对于失败挫折的躲避和恐惧，导致了多数人在遭遇困境时容易将问题想得很坏，容易在失败面前失去信心。

真正的问题是情绪会传染，这使得员工相互之间更容易受到影响。

当团队内部有人乐观向上的时候，其他人也容易变得开心；当内部出现消极的悲观的负面情绪时，其他人的心情也容易变得低沉。心理学家将这种悲观失落的情绪称为"情感病毒"，团队中只要有一个人陷入绝望之中，那么与他一同工作，有着共同目标的其他人往往就会失去工作的动力。

乐观的态度是优秀团队必备的素质之一，因为只有那些乐观的团队才能够在危机中泰然自若，只有那些乐观的团队才能够在各种困难中保持干劲。乐观能够促使企业在竞争环境中坚守下来，直面各种各样的对手。

每年都会有大量的公司面临倒闭，都会有一大批公司被收购，这些被淘汰出局的企业中有很多都是精英企业，或者是有过辉煌历史的大公司，但它们最终都在竞争中失败，原因并不全在于战略上的失误或者技术不行。有时候反而是公司的整体承受能力太脆弱了，这些公司无法适应激烈的竞争环境，没有办法在复杂的环境下保持从容和乐观的态度，所以一旦遭遇到了危机就束手无措，或者干脆主动放弃。

实际上多数公司面临的环境和困境都差不多，面临的竞争压力也差不多，最终起决定作用的可能就是心态。心态更好的团队往往更加自信，而心态不好的团队很容易就被眼前的困难压倒。最明显的就是现在很多股份有限公司中会设立董事会和股东大会，一旦公司的运作出了问题，董事会的反应通常是最激烈的，董事会成员可能会更换董事长或者首席执行官。但实际上多数公司在操作的时候过于草率，欠缺耐心，对未来缺乏信心，因此才会想到换人，可是换人并不一定就会获得成功，还会打乱公司内部的工作计划。像这种缺乏承受能力的公司往往会陷入发展的困境中，而那些很少更换管理者的团队，往往能够挺过难关。

因此，无论是整个团队，还是团队中的个人都应该保持乐观向上的精神。英国伟大的科学家霍金因为患上了"卢伽雷病"（即肌萎缩性脊髓侧索硬化症）几乎全身瘫痪，对于一个拥有天才思想的人来说，这无疑是巨大的打击和折磨。但病魔并没有将这位巨人击垮，对于生活他始终都保持乐观的心态。有位记者曾经这样问他："你不认为命运夺走了你很多东西吗？"霍金用他仅能活动的三根手指在键盘上敲出这样一段文字："我的三根手指还能活动；我的大脑还能思维；我有终生追求的理想；我有爱我的人和我爱着的亲人与朋友，对了，我还有一颗感恩的心！"

有时候创业也是如此，对于整个团队来说，不要总是沉浸在那些挫折和失败中，不要总是感慨那些失去的东西，而应该看看自己做到了什么、自己还拥有什么，要坚信自己一定能够做到更好。乐观是一个团队最强大的武器，它能够让团队在百折不挠中日益变得强大。

九、能够独立思考的团队

在企业中，很多领导为了追求民主，追求决策的科学合理，会想办法更多地征集员工的想法、意见以及建议。无论是头脑风暴法，还是一些大型的讨论会，对于团队来说，都能够收集更多更全面的信息，能够有效确保决策的公平合理。但实际上领导往往会忽略一个心理学的事实，那就是多数人可能处于盲从状态，尤其是在企业中，由于等级制度、职位高低、权力大小等因素的影响，一些下级员工通常都会跟着领导做表决。一方面从众心理能够带来更多的安全感，他们会觉得犯了错也不会是个人的错，至少领导会承担责任；另一方面，员工也不用担心得罪领导。

正因为如此，群体参与决策，虽然方法不错，但结果未必科学合理，而且领导应该意识到群体性的错误往往要比个人的错误更加严重。所以在很多时候，团队内部需要一种更为科学合理的保障机制，比如很多企业家会在公司内部尝试建立一种质疑和反问的机制，以此来防止团队内部的盲从。

有位叫巴科夫的企业家就在公司内部推行了一个新型的讨论模式，在每 10 个人当中，至少需要一个人对大家的决议提出质疑。巴科夫的理由很简单，如果一个团队中，有 10 个人都举双手赞成某个行动，那么这个行动就可能存在危险，因为大家可能陷入了盲从甚至是狂热的状态。为了防止出现这样的错误，最好的方法就是在这 10 个人中找出反对意见。

巴科夫之所以要这样做，目的是培养员工独立思考的能力，并且敢于直面权威，提出质疑。对于企业来说，独立思考是很有必要也非常重要的，因为团队内部本来就趋于统一，群体的倾向性比较明显，也很容易犯错，这时候需要有人保持清醒的头脑，需要拥有独立的思考能力，来提出反对意见，从而真正做到全面思考，防止群体性的狂热。

不得不说，自从巴科夫采用了这个方法，公司的运营情况一天比一天好，所做的决策也很少出现失误。毕竟如果整个团队成员都能够独立思考，不受其他人的干扰和影响，那么每个人就能够按照自己原有的思维从各个角度来发现问题，这样考虑问题就会变得更加全面。而且由于前期有人提出质疑，后期会进行核实和修改，风险会进一步被降低。

"提出一个反对意见或者问题，有时候比解决一个问题更加重要"，这句话对于企业来说非常适用，企业想要让自身变得更完善，变得更加强大，那么就需要想办法找出潜在的缺陷，并加以改善。

事实上，公司的决策并不总是正确的，总有一些不完美的地方，也会有一些难以发现的漏洞。而这些漏洞和错误需要依靠团队的整体力量来发现，需要团队中的每一个成员保持足够的专注度，需要每个人都能够对自己的工作、对整个团队的利益负责。如果人浮于事，或者大家都盲目跟从别人，那么最终的结果就可能会导致团队失去竞争力。

对企业来说，应该设法避免进入"大家说好才是真的好"的误区当中，每个人都应该意识到工作不可能总是十全十美的，如果大家都觉得很不错，恰恰证明了它可能存在一些不为人知的问题，只不过没有人愿意深入挖掘而已。而独立思考能够确保团队保持活力，保持团队成员足够的警惕心，也使得每个员工能够相互交流，说出自己最真实的想法，从而避免团队陷入一些不可预知的困境当中，并且不断获得完善和提高。

不仅仅是内部，有时候外在的大环境也会发生变化，也会存在风险，如果团队缺乏独立的思考能力，整个团队随波逐流，盲目地做出和别人一样的决定，那么就可能会成为随大流的牺牲品。一个在各个方面都跟随别人的公司，通常不会意识到自己犯了什么错，也没有办法找到最适合自己的发展道路。

在"9·11"事件发生之后，很多将总部设在世贸中心的公司遭遇了重大的危机，因为这些公司的信息和数据库遭到重创，重要的数据和信息遗失严重，为了寻找这些东西，员工不得不想各种办法进行补救。而摩根斯坦利公司在遭遇袭击后第二天就顺利地进入了正常工作状态，其商务信息、数据以及重要的相关资料都保留完整，没有受到恐怖袭击的影响。

摩根斯坦利公司之所以能够逃过一劫，关键就在于其采用了一种叫作"远程灾难备份系统"的设备。在建立数据储备系统时，很多公司都认为只要在总部设立一个数据存储库就行了，因为互联网比较发达，查找起来也会很方便。不过摩根斯坦利的工程师经过思考后提出了不同的意见，他们认为一旦公司的电脑设备和数据库遭到入侵或者全部损坏，那么会给公司带来重大的损失。

尽管公司高层认为自己的安保措施做得足够好，不过仍旧对工程师的话感到心有余悸，于是最终决定花费一大笔钱在距离公司几英里外设置一个办事处，每天都将数据存储库中的重要信息、数据资料传送到办事处做好备份，这就是远程灾难备份系统，所以最终摩根斯坦利公司躲过了巨大的灾难。

摩根斯坦利公司做出了和其他公司不一样的选择，就是因为整个团队并没有盲目地陷入到"理所当然"的逻辑思维当中去，其更愿意按照自己的想法去思考问题，愿意以自己的方式来寻找各种解决问题的方法。这种独立思考的能力值得每一个公司、每一个团队学习和推广，事实上，在此之后，很多公司的确也开始打造远程灾难备份系统。

著名的社会学家麦肯博士曾经说过："每一个时期，都会形成一种社会潮流，对于冒险主义者来说，这是一次机遇，他们负责以新的思维方式来发现它，最终脱颖而出。而对于后来者来说，潮流的风险性会被放大，因此如何在大家都跟随潮流时保持自己的独立性非常重要。"对企业来说也是一样，凡事不能想当然地认为怎样就怎样，不能认为大家都那么想而跟着那样去做。

优秀的企业必须能够更加独立客观地进行分析，能够确保自己不被环境所影响。而且从很多方面来说，独立思考是提升团队价值和能力的重要保障。

第二章

好的团队需要好的领头羊

　　企业家或者领导是企业中的灵魂人物，是整个团队的领头羊，他们的一举一动都会影响企业的发展，而他们的素质和能力往往决定企业的素养和发展前景。正因为如此，想要打造一个优秀团队，想要带领一个优秀团队，那么领导者的能力应该有所提高。领导的素质应该是优秀的，而这种优秀应该体现在多个方面，包括一些无可比拟的出色能力、管理技巧、精神素养以及强大的个人魅力等。

一、团队不需要碌碌无为的领导者

美国商人托米在德国汉堡经营啤酒厂时，曾经一度占据了当地啤酒市场 30% 的份额，这也让托米成为了汉堡非常有名气的"啤酒大王"。后来他为了培养儿子的经商能力，让儿子暂时掌管营销。

三个月后，托米视察市场营销部，小托米告诉父亲说自己干得还不错，因为当时的啤酒市场很不景气，很多大的啤酒公司都面临亏损，而小托米至少没有让公司亏钱，而且还略有盈余。老托米查看了一下部门的经营状况，发现这几个月来，整个部门几乎什么事也没干。老托米大发雷霆，原来儿子所谓的"还不错"就是指业绩上的平平淡淡，而所谓的没有亏损也多半是运气使然。这是老托米没法接受的，他当着所有人的面让儿子滚出去，因为公司可不会养着一个碌碌无为的领导者。

这样的事情在很多公司内部都有发生，但实际上却只有很少的人真正意识到问题的严重性，多数人时刻想象着成为领导，并且为之努力奋斗，可是却从来没有认真想过如何成为一个好领导，至少是一个合格的领导，即便想过，可能也没有认真去实践过。对于一个团队而言，人人争当领导是一件好事，可很不幸的是，多数成为领导的人可能更倾向于保住自己的饭碗，可能更在乎自己的团队是一群羊还是一群狮子，因为他们需要以此作为参考，来确定自己是否能够长久待在这个位子上。

领导们希望自己的队员以一当十，能力出众，却没有想过自己该做点什么，说他们没有想过自己应该成为狮子还是羊，这并不可能，多数领导可能具备了狮子的野心，可是最后大都成了羊，因为羊永远比狮子更好当一些。这里不得不老调重弹拿破仑的那一句名言："一头狮子带领的一群羊，可以打败一头羊带领的一群狮子。"这句话大概就类似于"兵熊熊一个，将熊熊一窝"。

实际上，领导是团队的领头羊，往往也会是团队的核心人物，他的存在决定了团队的生存，他的能力决定了团队的水平，他的价值决定了团队的价值。领导如果缺乏能力和魅力，那么这种平平无奇的个性很可能会让整个团队沦为三流、四流，甚至是不入流的队伍。你在企求团队的壮大时，却忘记了对自己设置一些更高的标准和要求，你是否问过自己：我是一个有能力、有作为、有想法的领导吗？

如果你是一个苹果粉，足够了解苹果公司的文化，也足够了解乔布斯，那你就会知道乔布斯向来不喜欢平淡无奇的东西，所以在苹果公司当经理或者主管可不是一个轻松活，因为你必须时刻有所表现，必须时刻具备给他制造眼前一亮的能力，否则你给他汇报的那些常规的策略、日常的报表可能就是一堆废纸。正因为如此，无论是研发还是营销，他们都是世界级的，他们的领导都是世界级的。可以说是乔布斯成就了这个团队，但整个团队同样成就了乔布斯。

很多当领导的人，一门心思只想保住自己的位子，往往选择什么也不做，因为什么也不做就不会犯错，安安稳稳待着。这就是很多领导所谓的"明哲保身"之道，也是他们甘愿为羊的根本原因。他们害怕冒险，害怕激进，害怕做出改变，而一个人如果因为害怕触雷而逡巡不前时，他以及他的整个队伍很可能就会在原地困死。好的领导更应该有想法、有创意、有野心，也有付诸实践行动的勇气，他必须时刻让自己处在一个运转的状态，这样他的团队才能持续运转下去。

可以说，好领导不仅仅需要在能力上达标，他的责任心也应该达标，他必须时刻对自己的团队负责，要对自己的团员负责，要做自己该做的事，而且要尽量做好自己该做的事。如果领导诸事不闻不问，缺乏主动性和积极性，那么下边的人肯定也会上行下效，做事情缺乏热度和执行力。

米利西奇是华尔街新崛起的投资家，在 2009 年的时候，他和朋友们一起投资开了一家酒店，大家都挣了不少钱，可是酒店生意变得越来越冷淡，几个人准备退出。这时候，米利西奇对朋友和员工说："我现在可以将这些钱发给你们，我们之中会有十几个百万富翁，但是如果拿去投资，我们之中可能会产生几十个亿万富翁。"最终员工相信了他的话，大家都将钱交给他去投资，结果几年之后，米利西奇在华尔街大展拳脚，赚取了超过 15 亿美元的资金。

所以身为领导的你，千万别告诉队员，你什么也不想干、什么计划也没有，你不应该满足于现状，不应该满足于千篇一律的生活模式，你应该适当冒险，需要做出改变，并在变化中寻找新的发展机会，你必须想办法创造各种可能性。也许你会犯错，会走弯路，会承受各种磨难，但是你所经历的每一次挫折，你所做出的每一个选择实际上都是整个团队非常宝贵的财富。对于一个领导者而言，毁掉自己前途的往往不是做错了什么，而恰恰可能是你什么也没做。

二、好的领导一定是个造梦大师

说起好领导应该具备的特质，多数人肯定会想到能力、人格魅力、高情商、有勇有谋、善于沟通等，不过很多人可能会忽略一点，那就是好的领导首先应该是一个有梦想的人，这个梦想不仅仅是对自己，还应该针对自己的团队。对整个团队而言，领导所要肩负的第一个职责就是负责造梦，他要为整个团队造出一个富有前途和希望的梦，然后由这个梦来负责催动和支撑团队一直走下去。

在国内，类似的造梦大师可能非任正非莫属，记得华为公司刚刚起步的时候，任正非就提出了一个惊人的设想，他说二十年后通信制造行业将会形成全球三足鼎立的局面，而华为将会成为其中一足。当初他提出这个梦想的时候，很多人认为他只是说了句胡话，可是二十年之后，华为真的成为了通信领域的领导者。

这种理想主义实际上贯穿了任正非的管理体系，在1991年的时候，华为公司仍然在艰苦的环境中研制程控交换机，当时进展缓慢，而且经历过几次失败。那时候他对身边的员工说，将来会给这些员工买房子，而且是朝南、阳台很大的房子，等到钱快要发霉的时候可以拿出来晒一晒。不久之后的一次会议上，他问台下的员工："2000年以后，华为最大的问题会是什么？"员工们都在摇头，任正非笑着说："是钱多得不知道如何花，你们家买房子的时候，客厅可以小一点，卧室可以小一点，但是阳台一定要大一点，还要买一个大耙子，天气好的时候，记得经常在阳台上晒钱，否则你的钱会全发霉了。"

在当时那种落魄的环境下，能够有这样的口气、这样的魄力，除了任正非之外，恐怕再也找不到第二个了。但是这个梦造得很有味道，至少他的团队、他的员工是这样认为的，结果十几年之后，这些人真的有了坐北朝南带大阳台的房子，他们中有些人还成为了亿万富翁。

一个会造梦的人，才会为梦想而拼搏，才能够带领自己的团队去奋斗。实际上造梦也是一种激励的手段，至少你的员工会认为你是一个有梦想、有野心的人，至少他们会觉得自己跟着一个有目标的人在奋斗，他们也会被这个梦想所打动。

作为一个团队的领路人，你需要为自己的队员指引道路，要在他们的人生道路上设置灯塔，设置一个目标。都说穷人最缺的是"野心"，梦想也是一种"野心"，出色的领导者懂得激发和培养员工的"野心"，懂得为他们打造一个伟大的计划，懂得让所有队员感受到生活所具有的那种可能性。造梦的本质就是将那种热情传递给每一个员工，让他们燃起更多的希望，从而进一步激发内在的潜力。

很多时候，一个企业不缺少资金和技术，也不缺少人才和创意，而恰恰缺乏一个能够让所有人为之心动的梦想。这个梦想并不是虚无的，至少它可以成为一个催化剂，成为一个激发斗志的武器。有人说一个没有梦想的企业是谈不上发展的，事实就是如此，整个团队都需要处于时刻燃烧的状态，这种状态不能仅仅依靠制度或者员工的自觉性来维持，而需要一点梦想来刺激。

很显然，如果你告诉自己的员工公司将来准备上市，那么相信你的员工肯定会更加卖力工作，因为他们可能会因为拥有部分公司的股票而身家倍增；如果你告诉员工公司可能会成为跨国集团，那么你的员工很可能会因为将来所要享受到的那种地位和荣耀而努力奋斗；当你告诉员工，自己将来会让公司的资产成百上千倍地翻转，你的员工不可能不会激动。事实上，在这个梦想中，你的团队会看到一些让自己变得更好的可能性，毕竟一旦梦想实现，他们会是最直接的受益人。

那么对于一个领导者来说，该如何来实施自己的造梦计划呢？首先需要为员工设定一个美好的愿景，这个美好的愿景必须要高于现实，至少应该比现在的状况好很多。你要让员工看到一种改变的可能性，并且你要将这种可能性传递给他们，让他们觉得有朝一日他们也可以买洋房、开豪车，可以享受工作带来的那些高质量的物质生活，同时他们的内心也会得到尊重和满足，他们自身的价值可以得到完美的展现。

给员工一个高大上的梦想后，接下来就要评估梦想的可靠性，简单来说就是实现梦想的难度，或者也可以说是实现梦想过程中，可能遇到的困难必须比梦想本身小很多。毕竟任何工作都会遇到困难，而你要做的就是放大梦想并淡化这些困难，你要让队员们觉得这样的困难在梦想面前是微不足道的。当一个梦想变得无穷大时，眼前这些暂时性的困难和挫折就都不是什么大事了。扎克伯格和伙伴们在创业时也曾遇到各种困难，他对别人说："我们所要做的事情足以改变人们的生活方式，你觉得在那点困难面前，我们就应该放弃？"最终他带领自己的团队赢得了一切。

今天很多管理者和领导仍旧在为自己的目标而奋斗，仍旧带领自己的团队埋头苦干，也许是时候改变那种单纯的"我想要得到什么""我的目标是什么"的个人理想主义了。作为一个优秀的领导，不应该将梦想狭隘地定义为自己的，你的梦想以及成功的可能性应该和员工进行分享，而你要做的是将自己的梦想和员工的梦想捆绑起来，你要让整个团队都感受到那种必将有所收获的激情。你必须记住，这是你的团队，但也是大家共有的团队，所以你有责任和义务为团队造一个好梦。

三、领导没有权威团队就会成为一盘散沙

每个人都对自己的领导有各种各样的要求，都希望自己的领导是一个全才、一个完人，比如要求他足够睿智，足够包容，要求他有胆识、有魄力、有爱心。但实际上多数领导可能和印象中的差不多，他们常常有意无意地保持一种高姿态。

这种高姿态很大程度上源于他们的地位和手中特殊的权力，而好的领导应当保留自己行使特殊权利的权力，这种特殊的权利实际上就包含了权威。就像一个家庭一样，无论孩子怎么闹腾，家长还是家长，还是一家之主，必要时还是应该拿出强势的态度来约束所有的人和事。整个公司、整个团队也应该这样，老板或者上司可以表现出和蔼可亲的一面，可以和众人乐成一片，可以在下班后以兄弟相称，可是到了办公室，他们还是应该做出领导的样子，拿出自己的威望。

也许很多老板和领导并没有那么严肃，甚至有些窝囊，但无论如何，当一个员工指着老板的鼻子大骂，或者员工极力否定他的想法，拒绝执行他的命令，要么就是对领导的想法毫不在意，这些都是不合情理的。作为领导，你不应该允许这种事情在自己身上发生，不要让员工觉得是你围绕着他们在转，或者说让他们觉得自己有能力来改变你、胁迫你。

当领导的必须要有领导的样子，当领导就需要拿出领导的姿态，这是职业赋予你的责任，而保留自己的权威既是对自身的尊重，也是对这一职位负责的表现。

试想一下，如果领导的权威性受到了挑战，或者丢失了，那么他的团队会怎样呢？

首先，团队的执行力肯定会大打折扣，因为下属可以找任何一个理由来否决你的命令，或者找一个借口进行拖延，一旦他们觉得不值得去做，或者不想去做、懒得去做时，你的命令和规划就有可能被搁浅。

其次，你的队员和下属可能会开始自作主张，毕竟当他们觉得你无法约束和给予他们更大压力时，他们会误认为自己有更大的空间和权力来自我发挥。这一点很可能是致命的，因为员工擅作主张的话，很可能会打乱公司原有的部署。

当然最大的危害还是对于整个团队的危害。在很多时候领导的权威可以约束员工的行为，确保团队的凝聚力，一旦这种约束力下降，整个团队很可能会因为缺乏主心骨的控制而分崩离析。实际上在世界上著名的那些公司和团队中，你会发现那些领导通常都具有一些独特的威信，有些人对权力的控制欲很强，甚至是独裁；有些人天生喜欢训斥别人，喜欢让身边的人感受到他们的强势；有些人非常自负，喜欢对身边的人挑三拣四。这些人总是让人觉得很有压迫感，他们的权威很大。但不可否认的是，这种权威实际上造就了伟大的团队，因为没有队员会轻易犯错。

无论如何，领导都应该保持自己的权威，该赏的时候可以和和气气地赏，该罚的时候也要严肃认真地罚，要让员工感受到你的控制力。严格来说，权威不仅仅是一种压制力，很多时候也是一种人格魅力，毕竟人都倾向于服从那些强者，一个有权威的领导虽然并不那么容易让人亲近，但实际上往往具有更大的吸引力。对于整个团队来说，这种权威很多时候就是一种向心力，它能够将各种不同的人、各种不同的力量黏合在一起。

实际上可以换一种说法，那就是领导者和被领导者之间本身就存在一种公共契约的关系，被领导的人服从领导者不仅仅是出于尊重，更应该是一种习惯。这种关系或者习惯实际上是维持整个层级制度的关键，也是一个团队或者企业赖以生存的基础。如果领导者丢失了权威，那么他和被领导者之间的契约关系就会被打乱，整个制度、整个规则都会被打破，这个时候，团队已经不能称为团队，企业也已经丧失了存在的意义。

关于这一点或许可以参照《水浒传》中的故事，要知道在上水泊梁山之前，宋江和其他好汉都是以兄弟相称的，可是等到宋江成了梁山的首领，等到他成为了真正意义上的老大，"聚义厅"这三个字已经从单纯的兄弟聚义转变为官僚机构的事业部结构了。宋江有了足够的威望，他也需要维持这种权威，如果还和以前那样任凭兄弟们乱来，那么他的位置肯定坐不稳，水泊梁山肯定会起内乱。很多人批评宋江成为首领后，导致梁山战斗力下降，但实际上并非如此，宋江利用制度和等级来约束下属，增强了组织的纪律性，也让整个团队成为真正意义上的队伍，而不是原先的大锅乱炖。

说起权威，也许比尔·盖茨有一定的发言权。众所周知，盖茨是和好朋友保罗·艾伦一起创立微软的，当然名义上来说，盖茨是"一把手"。正是这两个人联手将微软推向了巅峰，不过之后两人之间的理念发生了分歧，那么作为团队的领导，盖茨必须尽量消除这些分歧，当然最后也没有成功，这个时候他做了一个惊人的决定，那就是任用鲍尔默，很显然鲍尔默更加听话，更加能够践行他的意志。

当然考虑到两个人的感情，以及可能造成的波动，盖茨并没有明确表示要剥夺艾伦的权力，只不过他有一次和鲍尔默在办公室聊天的时候，无意中透露出了这个想法，而艾伦刚好在门外听到了这件事，艾伦觉得自己被欺骗了，于是离开了微软公司。也许从人情的角度来说，盖茨做得不够好，但是从一个领导的角度来说，盖茨的做法很有必要。毕竟让一个不服从命令的人留在团队里并非明智之举，而且盖茨的权威如果长期遭到无视，那么很可能会对整个团队的运作造成不良影响。

对于一个领导来说，人情上的是非对错往往会影响个人的判断和决策，所以适当保持权威是很有必要的，既然带领整个团队，就必须对团队负责到底，就必须拿出足够的控制力来约束所有的人，一旦你做不到，整个团队很可能会抛弃你或者直接瓦解掉你的权力。

四、高明的领导懂得先满足员工的需求

经常有一些企业家看到别的企业发展壮大后，会酸溜溜地抱怨自己的员工工作劲头不足，抱怨自己的员工无法创造出更大的价值，抱怨公司的业绩一直没有办法获得突破。听起来似乎很委屈，不过你的员工难道真的就是业绩不佳的罪魁祸首吗？

有人曾经写过一本书《你为员工做了什么》，作者在书中提到了两个词，即"付出"与"回报"，每个企业的领导都想要从员工那里获得最大的收益和回报，但问题是又有多少老板愿意为自己的员工付出呢？领导们不停地希望从员工那里索求，但他们自己给予过员工什么东西吗？

喜欢抱怨员工不出力的领导实际上犯了一个错误，那就是他在抱怨别人的时候，自己也犯下了这样的错误，也就是说他愿意给员工多少东西，他给予了员工多少东西。也许按照马克思《资本论》中的说法，领导天生就有剥夺员工剩余价值的传统，至少领导的所得和付出从来不是对等的，但问题是你愿意拿出多少成本来换取利润。你当然会支付他们工资，但是这份工资是否能够满足他们的需求呢？而且这份工资是否真的代表了员工们的全部需求呢？要知道，员工们可能希望减少工作时间，

提高加班工资，希望延长假期，希望公司的管理更加人性化，希望自己能够得到更多的尊重，希望领导们能够经常到基层看一看，希望双方有更多的交流。

员工的这些愿景和需求，领导是否倾听过，是否想过要满足他们？也许很多领导根本没想过这些问题，在他们看来自己支付了工资，员工就有义务将工作做到最好，他们或许更愿意将这种关系定义为交易。"我出钱，你出力"，双方各取所需。但在现代化的管理体系下，这种理念已经被淘汰了，一个合格的领导应该学会倾听员工的诉求，并尽量满足。

这个世界上有很多出色的公司，这些公司实际上非常注重员工的利益。谷歌公司之所以成为最出色的企业之一，这得益于它拥有一大批出色的人才，这些人才竭尽全力为谷歌的发展做出最大的贡献，并且很少有人跳槽。而之所以会这样，就是因为谷歌公司的待遇实在太好了，一般人根本不会想跳槽。

在谷歌公司，员工能够感受到来自公司、来自领导、来自同事的尊重，能够真正享受到平等的待遇。有一件事很有趣，那就是谷歌公司内部，就连 CEO（首席执行官）也没有专用的办公室。此外，在谷歌上班，你不用为那些难看的制服而头疼，因为公司并没有着装要求，你可以随心所欲穿自己喜欢的衣服去上班，只要看上去得体就行，要是你觉得不放心，还可以带上自己的孩子和宠物去上班。工作太累的话，公司里有休闲娱乐室。若是你觉得工作太单调、太沉闷，可以随时改变自己的办公桌风格，想怎么变都行。

不得不说谷歌公司真正满足了员工所需要的东西，平台、高薪、自由、平等、尊重，所以谷歌是世界上"雇员满意度最高的公司之一"。而员工也给予了公司最大的回报，他们在这种舒适的环境中发挥出了最大的创造力，给谷歌带来了很好的设计理念以及大量的财富。

　　"付出"和"回报"实际上是一个非常简单的游戏规则，只不过需要领导主动一些，要懂得先去满足员工的需求，先去保障员工的利益，而不是坐在那儿等着员工为你创造大量的财富。想要让对方满足自己的要求，那么要懂得先满足对方的需求，这是一个优秀领导必须有的觉悟。

　　领导的主动付出看上去更像是开汽车一样，这个汽车就是员工，目的地就是公司发展的目标，那么如果想要让汽车顺利到达目的地，甚至是开到更远的地方去，那么就需要在开车之前先给汽车加油，先要满足汽车运行的条件。很显然，当你把汽车伺候好了，接下来的任务也就水到渠成了。

　　每个员工都拥有自己的需求，而且这种需求不一定都是物质上的，领导应该懂得了解他们的想法，掌握他们内在的需求。很多时候甚至可以说这是一种领导规则，如果你最先破坏了这个规则，或者说忽略了这条规则，那么你的领导力可能就会大打折扣。

　　《圣经》上说："你愿意别人怎样对你，就先要怎样对别人。"在团队内部，这就是一种管理的智慧，是一个领导高情商的表现。很多人提出了一个很有趣的说法：诱导，他们认为领导在付出的时候，实际上采取了一种诱导的策略，他们一点点地消除员工的戒备心，然后赢得对方的信任。实际上是付出也好，是诱导也罢，或者说是一种投资，其中的内核永远不应该改变，也就是，作为团队的核心人物，领导需要将员工的需求摆在利益索取的前面。

五、要想员工怎么做，你先要这样做

　　自然界存在很多模仿的行为，心理学家认为这种模仿是掌握最初的生存技能的一种方式，而之所以会模仿，就是因为这是一种相对安全的方法，让模仿的主体觉得很安全。这种模仿可以是下一代对于上一代的模仿，人与动物之间都是如此。而延伸到社会关系层面来说，这种模仿效应仍然影响着社会的运行，最简单的就是打招呼，当别人对你伸出右手时，你多半会被对方的友善举动所影响，从而也伸出你的右手。

　　这种模仿实际上就是建立在信任的基础上的，因此非常适用于团队内部的交流与沟通。比如很多企业家或者领导常常会感到困惑，为什么自己吩咐下去的事情，往往会被打折扣，为什么自己一再交代的事情，下边的人就是做不好，为什么一些看似简单的规章制度，总是有一些人做不到。如果员工不是太笨或者故意顶撞和背叛领导的话，那么实际情况就只有一种可能，那就是这些员工可能并没有形成一种"自己必须这么做"的思维定式，换句话说他们可能并没有意识到自己没有按照要求去做会有多么严重。

　　有一个很简单的例子很能说明问题，生活中常常可以看见很多办公室和工作车间写着"禁止吸烟"，但事实上，很多员工会选择视而不见，那么是不是一定就是这些员工的素质很差，或者说故意和公司对着干呢？事情可能并非这样，也许当领导想办法禁止这些不文明的行为时，恰恰忘记了监督自己。作为领导，你是不是也经常在公共场合吸烟，是否经常在办公室里吞云吐雾，是否也经常无视那些禁烟标志？或者说你压根就没将这当一回事？如果你有足够清晰的记忆，或者你愿意调视频监控来看一看自己，那么就会发现自己很可能也做了这一类蠢事。那么很显然，你的员工可能也会这样，因为他们会在潜意识中形成这样一种认识：我的老板这样做了，我应该也可以。

这就是一种模仿，而任何人都不要小瞧了模仿的力量，实际上这种仿效行为很容易变成一种习惯。而作为这种习惯的推动者，领导们根本没有任何理由也没有任何说服力来约束别人该怎么做。所以领导们无论做什么事，首先要做到以身作则，你要明确地给团队成员做出一个示范，从而起到一个带头的作用。当年艾柯卡为了解决克莱斯勒公司的财务危机，竟然主动将自己的工资从 26 万美元降到象征性的 1 美元，这种举动自然而然会让员工主动降薪。

相比之下，现在有很多公司为了节省成本、缩减开支，常常会先从员工那儿动手。空调要少开，每个月的福利要减少，年终奖要"打折"，出差费用要减半，但实际上领导自己可能依然在大手大脚地花着公司的钱。这样一来，员工还会愿意继续待在你的身边为你卖力工作吗？

孔子说过"己所不欲，勿施于人"，对于领导来说也是一样，自己都做不到或者做不好某件事，自己都不能遵守某个规定，又怎么能够要求员工一定要做到呢？反过来说，如果你要让员工做某件事，那么自己首先一定要先做到并做好这些事，这样才能更好地让他们服从命令。就像工作中遇到困难一样，领导当然有权利在那儿大喊"再难也要上"或者"这点困难也克服不了吗"，不过员工们会认为"你觉得不难，那你为什么不来试试看"。这种抵触情绪通常是很明显的，而且很容易会影响到员工的积极性和效率。所以如果领导足够聪明的话，应该主动去挑战困难，让员工觉得你在做、你在寻找解决问题的方法，那么接下来你的队员应该没有任何理由再去抱怨什么了。

也许有些领导会强调这是命令，但你要知道单纯命令并不是真正说服和压制下属的方式，至少不是一个非常合理的方式，你必须让员工自己建立起一种信任感，让他觉得你是值得信任和服从的。换句话说，领导必须在制度约束和行政命令之外，找到另外一种更具说服力的东西来影响和约束员工的行为，这种说服力最简单的就是你当着他们的面做上一遍，你必须向他们发射这样一种积极的信号：领导都这样做了，你们没有理由不这样做。而事实上，他们真的没有理由不去这样做。

当然，好的领导不一定是万能的，不一定事事都要去做、事事都要懂，但至少你应该拿出一种决心和表态，要做出一个合理的积极的表率。蒙哥马利将军说过："当一个将领开始胆怯和后退时，别指望你的士兵会继续向前冲刺。"一个好的领导永远应该身先士卒，要懂得做出表率。你的个人魅力、工作方式、工作的热情和积极性、执行力度、学习的习惯、统筹能力，这些特质都可以成为员工学习的榜样，都可以成为一种说服和激励员工的方法。

严格说起来，这是领导力的一种提升，是领导方式的一次进化。事实上，在很长一段时间内，制度决定了一切、控制了一切，但是领导的领导力并没有那样重要，因为换成另外一个人，依然可以依靠制度来进行管理。随着人性化管理呼声的增高，领导与员工之间的人情味越来越浓。制度不再是让员工服从上级的唯一方式，一些更加柔性的方式往往会起到意想不到的作用，而这些方法通常都是领导个人魅力的重要组成部分。

很显然，好的领导应该接受这种转变，毕竟如果领导不再是那个只会指手画脚、颐指气使、只说不做的空架子，不再是那个坐在那儿大呼小叫，站着说话不腰疼的令人厌恶的角色，那么员工绝对愿意付出更大的努力投入到工作当中，他们的执行力和工作激情也必定会得到提升。

六、扮好三个角色：老师、兄长、朋友

有经济学家曾经说过，由于经历了漫长的封建社会，所以中国的官场文化可能是最发达的，而这种官场文化在很长时间内还影响着公司的权职关系，这也是中国企业中领导与员工的关系并不那么融洽的原因。因为官僚主义始终影响着领导们的管理方式以及管理思维，"我是老板，我是领导"的想法已经根深蒂固。

这种认知让领导的身份变得更为狭隘，阻挡了层级之间的沟通和交流，甚至于对整个团队的合作与协调性也是有很大影响的。时代的转变，要求管理者和领导也要适当转变自己的身份，这种转变并不意味着你放弃领导者的身份，而是要转变出多重角色，简单来说，你和团队之间、和队员之间的关系，不仅仅局限在领导者和被领导者、管理者和被管理者之上，你们之间应该发展出更多更为亲近的合作关系。

你是老板，是上司，是那个发号施令的人，但并不意味着权力和地位会带来不可比拟的领导力。相反，多重角色的扮演能够更大程度地发挥出领导的才能和魅力，能够更大程度地扩大与团队之间的接触面。对于一个优秀的领导者来说，扮演多重角色实际上考验着个人的智慧和魅力，领导者要做的就是在合适的场合和时间里顺利变换各种角色。那么

好领导究竟应该扮演什么样的角色呢?

除了上司,老板至少还要承担三种角色,分别是:老师、兄长和朋友。之所以要这样,是工作性质和工作要求决定的。为了方便工作,为了方便管理,为了更好地实现沟通和交流,领导者必须做出角色的改变。

说领导要成为员工的老师,最主要原因就在于上司应该教授和引导员工,这包括专业性的培训和指导,包括专业技能的传授,同时也包含了帮助他们适应工作,帮助他们成长,帮助他们建立起目标、方向以及自信心。简单来说,领导者作为老师时的职责应该是传递知识和引路,要帮助员工找到一个立足点和在未来发展的道路。

在很多大的公司里,部门领导必须对自己的下属做一些明确的培训,要确保员工的工作方式、工作态度符合企业文化和制度的需求,同时还要帮其建立起足够的工作信仰和工作目标,这也是需要和公司的长远目标相一致的。比如在谷歌公司,部门领导或者主管除了要培训员工的基本技能,同时必须教会员工掌握最基本的制度。注意! 这里用的词是"教会",而不是让他们自己去死记硬背,主管必须帮助他的新人理解和消化这些新课程。

仅仅作为老师,还是不够的,毕竟老师的角色还是存在层级上的差别,这也很容易造成一些工作交往的隔阂,或者说会给员工带来一定的压力。所以这个时候,领导者还需要扮演兄长的角色,这个角色相对于老师来说,可能更能走进员工的内心,而这是一个优秀领导必须擅长的事情。实际上兄长更多地存在照顾的成分,而作为老大哥时,领导者主要工作任务就是传授工作经验、帮忙解决工作和生活中的困难。

在管理理论、管理方法和管理体制建立起来的最初阶段,管理者对被管理者的约束和控制实际上是缺乏弹性的,制度的冰冷很容易造成员工的孤独无助。一些新人由于无法适应新工作,在面对困难时也会感到力不从心，他们找不到可以帮忙解决难题的人，这不仅影响了工作效率，而且还会引发一系列心理问题，比如焦虑感、挫败感、孤独感等。如果领导们能够更多地关注这些问题，能够将自己的工作经验、生活经验传授给他们，能够更多地去关注他们的生活，那么员工可能会更好地应对和适应工作。

自然，无论是当领导、当老师，还是当兄长，领导者的身份都是高一级的，具备一定的地位优势和心理优势，而这种优势的存在实际上无法真正抹掉上下级之间原有的那种隔膜和疏离感。因此，想要赢得员工最终的信任和理解，想要强化沟通交流，那么领导者还应该懂得做员工的朋友。

事实上做到这一点很难，毕竟这和工作性质、社交关系、人物性格等多方面因素有关，但实际上更多地和个人的意愿、成熟度有关，也就是说领导愿不愿意和自己的下属做朋友、善不善于和他们交朋友，而这绝对是领导魅力的一种最佳证明。当然了，作为朋友，领导应当和员工平等相待、坦诚相对，应当懂得倾听他们，要尊重他们的内心，要能够换位思考，这些都有助于建立起良好的工作关系，有助于提升员工工作的积极性，有助于统一领导和团队的工作目标。

经营一个企业和经营一个家庭一样，如果你仅仅将自己当成老板，那么你必输无疑。任何一个出色的管理者都知道该如何保持权力的灵活性和弹性，直接来说就是保持个人角色的弹性，这种弹性很多时候会影响组织内部的关系，尤其是上下级之间的关系。

现如今，中国最具竞争力的企业基本上都是在 20 世纪 80~90 年代兴起的，这些企业之所以能够获得快速发展，很大一方面在于企业领导人的个人魅力。实际上在 20 世纪 80~90 年代，多数创业者的基础条件并不好，但是他们的人格魅力为他们吸引到了最佳的团队。那时候的领导者和员工一起吃饭、睡觉、唠家常，他们愿意花时间在员工的培训以及沟通上面，也愿意走进员工的生活，这些都极大地激发了团队创造财富的能力和激情，可以说那一代创业者中，有很多人都是优秀的领导者。

　　很多时候，不要在乎你是什么，不要在乎你做什么，而要在乎你最终得到了什么。对于一个优秀的领导而言，职位赋予的权力并不能真正代表什么，关键是要懂得将权力转化成为影响到员工工作的力量，这个影响力应该是多层次、多方面的，而多重角色的扮演恰恰丰富了这种力量体系。那么接下来，你要做的就是看着员工如何去激发更大的潜力、如何去创造更大的价值。

七、任用比自己强的人

在一个团队中，许多领导者最怕的是下属们功高震主。在历史上，功高震主的下场轻则是扫地出门，重则是丢掉性命。像勾践大肆消灭自己的功臣，导致范蠡出走；刘邦也对那些功高震主的谋臣良将来了个一锅端。

实际上，仅从经营企业的专业角度来说，将一个能力强于自己的员工赶走或者对其进行压制，都是狭隘的做法。当然，领导者嫉妒贤能往往有很多原因，比如说领导自己是一个庸人，他担心下属的能力太强会威胁到自己的地位。

另外，有的领导习惯了掌控一切、影响一切，他不希望有人比自己做得更好，不希望有人抢走自己的风头。这种情况一般是领导者的虚荣心在作祟，这类领导通常都喜欢让整个团队打上自己的烙印，为了这个目的，他甚至不惜拒绝更高级的人才。

无论是哪一种情况，一个害怕别人比自己强、排斥那些强者的领导，实际上都存在自信心不足的问题，而且缺少对整个团队负责的态度，而这样的领导通常都算不得优秀，他们的事业也会受到限制。

对于一个创业者来说，妒忌贤能永远是大忌，想要当好一个领导，就必须具备一定的气量，必须懂得接受不同的人才，而且还要懂得接纳那些能力高于自己的人才，更要懂得尊重这些人才。

很多领导仍旧活在一种旧思维当中，认为团队的领军人物必须是最强大的，因为只有能力越强大才能服众，才能制造足够的约束力。可实际上，在现代管理思维中，能力越强的人并不意味着就是领导。相反，领导也不一定就是能力最出类拔萃的人。一个领导者需要明白，自己的最大优势不在于专业技能，而在于管理，你能管理和控制好那些最优秀的人才，能够引导他们发挥出最大的价值，那么你就是最成功的管理者，就是最强的管理者。

领导者的职责在于统筹管理，他要做的是将各种人才聚在一起，将各种资源重新组合，然后创造最大的利润。一个团队中，有些人擅长营销，有些人擅长搞研究，有些人擅长制定规则，有些人非常善于处理人际关系，有些人是计划的制订者，有些人是消费者的服务者，这些人在专业领域，可能都要比领导强，那么难道领导要将他们逐一开除掉吗？这显然不现实。问题是，领导必须意识到"术业有专攻"，让那些比你更强的人为你工作，实际上这本身就是一种非凡才能。

另外，让比你更强的人来工作，有助于提升团队整体的水平，他们可能会丰富和完善你的想法，会帮助你补充一些被忽略掉的细节问题，会让你的工作更加事半功倍。刘邦做得非常好。韩信的军事指挥能力是超一流的，在这方面刘邦只能是甘拜下风，而刘邦选择让韩信带兵，最终也为自己赢得天下奠定了基础。

优秀的领导者应该有包容性，这不仅仅是出于对人才的尊重，更是一种大局观，毕竟找到一个更强大的人，对于整个公司都有帮助，领导切不可因为个人的原因而给团队利益造成巨大的损害。

现代企业的竞争实际上就是人才的竞争，谁能够拥有更多优秀的人力资源，谁就能够更好地生存下去，谁就能够更快速有效地占领市场。对领导来说，能够找到优秀人才，能够找到比自己更好的人才，这应该是一件幸事。

心理学中有一个著名的"奥格威法则"，奥格威是奥美广告公司的总裁，也是公认的广告业的创始人。奥美广告公司的业务做得很大，很多老股东和老员工担心自己被新人取代，常常有意无意地排斥那些有能力的人。

奥格威非常担心这种情况，于是有一次，他召开公司董事会，而在会前，他在每位董事的桌前放了一个玩具娃娃。与会者看到后觉得非常奇怪，不知道奥格威意欲何为。奥格威微笑着解释道："每个娃娃都代表你们自己，大家不妨打开看看。"

董事们打开玩具娃娃时，惊讶地发现里面还有一个小一号的玩具娃娃；打开后，发现里面还有一个更小的。接着大家就这样一层一层打开到最后，直到打开最后一个娃娃。而里面放着一张奥格威亲笔写的字条，上面写着一行字："如果领导者永远都只起用比自己水平低的人，那我们的公司将一步步沦为侏儒公司；如果我们都有胆量和气度任用比自己更强的人，那我们就能成为巨人公司。"董事们看到后，觉得很惭愧，此后公司里再也没有发生过压制新人的事情了。

"奥格威效应"实际上给每一个领导提了一个醒，那就是千万不要试图让能力随着级别的下降而下降，你要做的是任用那些有能力的人，哪怕他们的能力强过你自己。因为当别人的能力超越你时，无损于你的优秀，而任用他们恰恰证明了你的伟大。

第三章

别让员工坐错位

英国著名的管理学家德尼摩认为，凡事都应有一个可安置的所在，一切都应在其该在的地方，这就是有名的"德尼摩定律"。从企业的角度来说，"德尼摩定律"是一种非常好的管理机制。每个人都有自己的优点和特点，都有自己最擅长的工作，将每个人合理安排在合适的岗位上，才能最大化地发挥出员工的价值。因此对于管理者来说，如何将"德尼摩定律"有效运用到管理当中去，关乎企业的工作效率和长远发展。

一、不是猴子就别让他上树

众所周知，一个企业最重要的就是确保利润最大化，而利润最大化通常和员工的价值最大化息息相关，那么如何才能做到价值最大化呢？最简单的就是让不同类型的员工出现在合适的岗位上，这样他们才能各展所长，将自己的能力最大程度地发挥出来。不过事实上，并非所有的领导者都熟知这个道理，他们只是一窝蜂地招人，完全没有正确用人的观念。

要知道每个人的优势不一样，特点也不同，他们所拥有的知识和能力也是不一样的，所以人才的吸纳和任用绝对不是简单地堆砌，而是一种合理的布局，或者可以说是人力资源的整合。如果让一个不擅长某项工作的人站在这个岗位上工作，可能就会产生负面的效果。

如果让一个会计去搞生产，那么他的计算能力可能派不上任何用场，而且还会影响到生产的效率；让一个搞市场营销的人去算账，一样会将账本弄乱；让一个专注于搞研发的人去搞售后服务，可能也会导致客户的流失。古人说："不在其位，不谋其政。"不适合其位者，更是应该要做到"不谋其政"。

就像拿破仑一样，他让平庸保守的格鲁希担任军事统帅，结果在滑铁卢大战的时候，格鲁希因为死守命令迟迟不发兵援助，导致拿破仑惨败，这就是用人不当的后果。作为一整个团队的领导者，领导必须对每一个人的特点、性格、能力有所了解，然后必须做出最合理的分配和安排，胡乱安插岗位只会破坏整个团队的化学反应。

在欧洲，很多企业中都会提到一个词：专业人才，而在中国的很多企业中，对于人才的称呼有时候过于笼统。很多公司的领导在招聘的时候，往往只看重学历，看对方是不是留学归来，是不是博士学位，却不过问对方能干什么、适合干什么。在之后的任用程序上，更是缺乏章法。正是由于缺乏科学的人才任用机制，导致了大量人才的浪费，也导致了工作效率的退化。而在欧洲企业当中，专业人才会得到专门的合理的安排，换句话说，他们在招聘人才和任用人才上，针对性要更强一些。

让一些专业人才从事一些非专业领域内的工作，这和计划经济时代的分配制度差不多。但或许很多企业家忘了现在是市场经济时代，资源的合理配置既是市场发展的必然结果，也是提高效率的要求。人才的拿来主义和盲目使用是一种严重的资源浪费。比如，在很多优秀企业和优秀团队中，专业人才的任用率可能达到90%以上，而某些管理混乱的团队，人才的任用率可能不到30%，也就是说团队内部超过70%的人才都没有待在合适的岗位上。而这也是为什么那些公司的工作效率低下，竞争力不足且发展缺乏动力。

现在，高学历、高技术人才起来越多，中国企业的人才储备量已经达到了世界前列，很多有竞争力的企业甚至大量地在大学里招收人才，以作为后备资源来培养和利用。不过多数企业并没有达到理想中的效果，那些人才实际上可能只发挥了不到10%的功效，原因就在于人才的利用情况非常糟糕。很多大学生在毕业之前就和企业签订了合同，可是工作之后却发现自己的才能毫无用武之地，最终造成了人才的浪费。

当然，除此之外，很多领导在人事安排上可能是故意而为之的，目的很明显，就是为了扶持自己看中的人，从而为自己以后的工作寻求更多的便利。不过有些人天生就干不了这一行，或者说不适合干这一行，领导再强迫也是没有用的，最重要的还是应该顺其自然，让他做自己最擅长的事，发挥他应有的价值。

有些领导可能会说：我选的人他能够干这些事，他也愿意做这些事。实际上"能做"或者"愿意做"并不代表着他"适合做"，在这里可能造成很大的机会成本。简单来说，就是他在做其他事情的时候，创造的价值要比做你安排的工作所创造的价值多得多，实际上这样一来得不偿失，整个团队并未达到最佳的配置。而更糟的是，当一个人的位置搞错之后，其他人可能也要被迫跟着做出变动，这对整个团队的打击和伤害是非常致命的。

如果你是一个好领导，就不应该犯这些低级错误，你需要有针对性地去了解每个员工，知道他们能做什么、适合做什么、喜欢做什么，你需要将不同的人放在适合他们的岗位上锻炼和工作，需要确保每一个岗位上都能够配备专业的人才。这就像机器的零件一样，每一个员工都是不同的零件，想要让这些零件组成一个动力十足的机器，那么首先要掌握好每一个零件的特点和功能，然后按照正确的方式进行组装，让每一个零件出现在最恰当的位置，并且尽可能地发挥出功效，这样整个机器才能维持正常的运转，并且保持很高的工作效率。

俗话说"一个萝卜一个坑"，每个员工都有属于自己的位置，作为领导，胡乱将员工从这个位置调到另外一个位置，只会让萝卜烂掉。这个简单的道理中蕴含着社会分工的基本要求，也为企业或团队的用人机制做了最简单的描述。企业领导者希望每个人都能发挥出价值，但在进行人才分配的时候，或许应该记住那句话：人尽其才。

二、用人一定要宁缺毋滥

对于多数公司来说，人才缺乏是一个永恒的话题，从来没有哪个公司会认为自己的人才足够多了，会觉得自己的人才储备量完全足以支撑团队的运转和发展，即便强大如苹果公司和谷歌公司，它们也一直在想办法招募人才。那么在人才尤其是精英分子相对缺乏的时期，企业的负责人该如何处理呢？

要想做出合理的选择和判断，首先要分析问题。事实上选择只有两个，一个是随随便便招人先顶上，把空缺填补起来。另外就是为了安全起见，不轻易招人，哪怕一直空在那里。前者看重的是形式，缺个人在那里毕竟不成体统，而后者更看重实用性，不适用干脆不用。这两种方案各有道理，但从长远发展的角度来说，前者过于草率，这样做很可能会适得其反，毕竟找一个不合适的人来填补空缺，很可能会对整个团队的合作带来更大的负面影响。而空缺在那里虽然带来了不便，却并不会影响其他队员的工作。

领导在用人时应该是谨慎的，必须选择最合适的人，随便找一个或者勉强找一个都是对整个团队的不负责。实在找不到的话，也要做到宁缺毋滥。

有一家广告公司因为始终找不到好的创意副总监，让这一职位空缺六年，当别人在质疑公司的做法时，公司的老总打了一个恰当的比方："一辆车子如果有一个轮子爆胎了，那么只要慢慢开，它至少还能够行走。如果仅仅为了保证四个轮子都健全而安装了一个更大号或者更小号的轮子，那么汽车反而走不了了。"

事实就是这样，在一些无关大局的情况下，人才的缺失不应该成为随便招人的借口，相反，领导应该更加谨慎地对待应聘，不能轻易降低自己设定的门槛。很多企业在发展初期，往往会遭遇人才饥荒，为了解决燃眉之急，企业通常会大肆招兵买马，无论素质高低，都会采取一网捞的做法。实际上这种做法是以低效率为代价的，这种低效率带来的伤害会随着时间的推移而逐渐放大。现如今有很多公司都承认，创业初期的一些低素质人才影响了公司的发展，甚至成为了公司的负担。所以宁缺毋滥的严格标准在用人机制中是不可或缺的。

从团队的形象而言，宁缺毋滥实际上是打造团队品牌效应的关键，是确保团队变得更加强大的一个护身符，对人才的挑剔就是对团队的负责、对发展的负责。摩根大通在招人时，有一个重要的原则，那就是"在找不到令人心动的人才时，请继续挑选"。摩根大通作为世界顶尖的金融机构，他对于员工的挑选达到了世界最高的标准，毕竟作为一个资产数万亿美元的巨头，每一个负责人都有义务维护和保持集团最光辉的形象，有义务保护好集团的品牌，而这种维护最重要的就是对人才的维护，任何一个员工都必须满足集团设定的高标准。

摩根的总裁曾经自豪地说："我们是世界上最顶尖的团队，所以我们的队员也必须是最顶尖的，没有人能够浑水摸鱼进入这个集团。"正因为这样，摩根并不经常招人，而且每次招收的人数很少。很多竞争对手在评价摩根的做法时，讥笑道："那些家伙声称是亿万富豪，可是他们绝对不舍得为他人多开一张支票。"虽然对手的话言之凿凿，可是摩根大通的金字招牌可是从来没被砸过，没有多少对手能够真正撼动它的地位。

说起摩根，也许中国古代的一位帝王的做法与其相比有过之而无不及，那人就是中国历史上很有名的唐太宗，大家都知道唐太宗爱惜人才，而他本人也是因为经营了一个好团队而登上皇位的。不过唐太宗对于人才的迷恋并不在于一味求多，而在于求精，他的团队中往往都是精英中的精英。有一组数据很能说明这个问题，在贞观年间，唐太宗组建的朝廷中官员竟然只有643人，对此，他的解释是"千羊之皮不如一狐之腋"，也就是说一千张羊皮的价值也比不上狐狸腋下的那一小撮白毛。"宁缺毋滥"做到了这个份上，国家自然只能一再精简机构。

与其说宁缺毋滥是一种吝啬的表现，倒不如说它是一种精英主义情结，这种精英主义情结的本质就是一种完美主义。一个团队追求完美，追求最顶尖的配置，这是让团队变得更加优秀的前提，更是维持团队优秀品质的重要保障。也许领导们应该这样想，自己组建团队的目的是做到最好，既然是最好，那么所有的队员也必须尽量找最好的。

对于团队的领导者来说，想要把队伍做大并不难，难的是要做精，是精益求精。就像企业执着于树立一个品牌一样，而团队实际上就是最大的品牌，维持这个品牌的质量对于整个团队的发展至关重要。

对于那些有追求有梦想的团队来说，终极目标就是成为世界上最优秀的团队，成为最具竞争力的团队，而想要达到这种程度，那么就要配备高精尖的人才，而团队的领导者也应该有这种态度——"没有人才没关系，我们可以等。"

三、没有任何员工是毫无价值的

在任何一个企业中，总有一些员工会让人感到失望，他们根本没有给企业创造什么价值，企业却不得不支付给他们足够的工资，不得不为他们支付保险，不得不为他们提供住房基金，还不得不想办法付出各种培训费用。因此老板们可能会认为自己看走了眼，认为自己的员工毫无价值。

从账面来看，员工创造的价值一旦大大低于公司付出的成本，就容易被归为公司的"垃圾股"，不过那些员工真的就毫无价值吗？套用一句老话：这个世界并不缺少美，而是缺少发现美的眼睛。实际上那些看似毫无价值的员工也有自身的美，也有不为人知的优点，只不过很多时候领导们并没有发现。

企业或者团体中建立起淘汰机制是非常合理的，这有助于维持团队的更新换代，确保长时间都保持高水平，但是淘汰旧人、淘汰表现不佳的员工并不意味着那些员工的价值很低，甚至为零。此外，这种淘汰机制并不意味着领导可以随意开除那些贡献不高的员工，相反，他们应该更加谨慎地处理组织机构内部人事任免的行为。

在团队中，各层级的领导者可能会看重既得利益，短时间内能够发挥功效，能够带来收益，能够创造财富的员工往往受到重用。领导者通常都喜欢即插即用型的员工，只要将他们放在岗位上就能够创造价值，不过有的员工可能有慢热倾向，或者说可能并不适合一些常规的工作，这使得他们在工作中成绩不明显，但并非证明了他们就真的一无是处。

有个叫皮特的小伙子在表哥的推荐下进入法国一家知名的电子公司上班，几个月之后，公司部门的主管非常生气，觉得自己上了当，因为在整个生产部门中，皮特的工作效率是最差的，他甚至连别人一半的工作量也完不成。

有一次，主管将这种情况向老板汇报，于是老板将皮特叫到办公室里训话，他问皮特会不会搞技术研究，皮特摇摇头。

"那你擅不擅长搞营销，跑市场？"

皮特依然摇头。老板听了也很生气，他轻蔑地说："那么想必你也不会做会计，不会当秘书，或者恐怕你连保安的工作也做不了吧？"

面对老板的羞辱，皮特什么话也说不出来。当然老板虽然很生气，但是也知道自己不能无缘无故就开除员工，于是，他故意刁难皮特：

"这样吧，我需要你做好一件事以证明你对公司是有所贡献的。"说完后，老板就指派了一个任务，那就是讨债，从某个大客户那儿把债要回来，皮特想也没想就答应了。实际上老板心里有数，他知道这些账中很多都已经五六年，很多客户如今经营不景气，很难将债要回来，他多次派人去要债，结果都是怏怏而回。他甚至想过走法律途径，可是又担心会对自己与其他客户之间的关系造成负面影响，所以一直陷入两难境地。

可是皮特仅仅花了一个月的时间就将 90% 的债务全部要回来了，老板觉得很不可思议，于是再次指派了新的讨债任务，结果不久之后，皮特又顺利完成了任务。这时候老板才意识到皮特在讨债方面的天赋，于是亲自登门道谢，并为当初的失礼道歉，同时决定重用皮特。

这类故事实际上折射出了多数领导者急功近利的心态，"看上去有用的就给我上，没用的就给我下来"，很多时候这种做法太过武断。《圣经》中说："凡有的，还要给他加上，他没有的，连他所有的也要夺走。"这是一种很常见的心态，好的东西会越来越好，差的就会越来越差。领导在区别对待员工的时候也是一样，能够暂时创造价值的，就会被当成精英来对待，不断满足他们的需求。而那些贡献率低的，则会进一步被看扁，甚至是扫地出门。

一个好的团队，实际上无论是人员配置还是组织机构都是具有弹性的，它没有被僵化，所以领导应该给员工留下更多发挥的空间，要让员工找到合适的平台来发挥自己的才能。如果因为某件工作的好坏而武断地将员工分成有价值的和没价值的，这实际上对整个团队都是一种伤害。领导觉得员工没价值，往往是因为他们还没发现员工身上的价值，或者说没有给对方更多的时间和机会来证明这种价值。

整个团队就是一个未知的宝藏，只要你精心经营，就总有潜力可挖，你的员工身上总有某些吸引人的特质，或许能给你带来一些不可思议的东西。所以如何挖掘并激发员工身上的潜能，是领导者必须做的工作之一。就像一块玉石一样，表面上看起来平常无奇，你可能认为这只是一块不值钱的石头，可是一旦你将其打磨和雕琢，那么就可能会成为上等的珍品。领导的工作就是懂得筛选和鉴赏这些石头，然后对其进行打磨加工，使其充分发挥出应有的价值。

对于领导者来说，保持理性是很有必要的，当你的员工表现不佳时，你要做的不是急于赶走他，而是试着给他另一个平台来展示自己，他有可能只是出现在了一个错误的位置上。

老子在《道德经》中讲过这样一段话："善行，无辙迹；善言，无瑕谪；善数，不用筹策；善闭，无关楗而不可开；善结，无绳约而不可解。是以圣人常善救人，故无弃人；常善救物，故无弃物。是谓袭明。"意思就是说，善于行走的人不会留下任何痕迹；善于说话的人不会留下任何破绽；善于计算的人用不着任何工具；善于封闭的人不设机关也没有人能打开；善于束缚的人看不到绳结却没有人能解脱。圣人一贯善于挽救人，就不存在没有用的人，能够最大限度地利用物力，就不会有废物。这就叫作因循自然的智慧。想要成为一个优秀的领导，你也需要这样的智慧。

四、不要轻易给员工的能力设限

科学家曾做过一个实验，将跳蚤放在玻璃瓶里，跳蚤轻易就跳了出来，于是科学家开始增高玻璃瓶，跳蚤不断努力往上跳，结果尝试几次之后又跳了出来，科学家只好再次增加高度。增加高度后，跳蚤仍旧跳出了玻璃瓶，这时候科学家在玻璃瓶上盖了一个玻璃盖，跳蚤每次跳跃都撞到了玻璃盖，经过数十次的跳跃后，科学家撤走这块玻璃，结果跳蚤无论如何也没有跳出玻璃瓶。

按照跳蚤的能力，它完全有能力跳得更高，有能力继续跳出玻璃瓶，但是在科学家为它设定限制后，跳蚤开始形成一个思维定势，认为自己只能跳到玻璃盖那么高了。

这个故事实际上经常发生在团队当中，尤其是企业中，员工就是那些跳蚤，拥有无限的潜力，而很多领导者就像那个科学家一样，往往会有意无意地为员工设置一个盖子，而恰恰是这个盖子最终限制了员工的能力。

米勒是一家游艇公司的总裁，这个依靠自主创业发家的商人是一个彻头彻尾的独裁者，在他的公司里，几乎所有的工作都由他来支配。在米勒的众多助理当中，有好几位都是著名的数据分析大师，而他本人也非常迷信这类数据。比如当助理们告诉他一个员工每天巅峰期的工作效率只能维持四五个小时,那么他就只会要求员工干四五个小时。如果助理们认为某些员工一个月的工作量只有那么多,那么他就只要求员工做那么多。

这听起来非常人性化,不过实际上米勒对所有员工的工作都设置了框架,谁也没有办法跳出这些框架,就连他的儿子也不能。小米勒在父亲的游艇公司当一个部门经理,虽然大权在握,但每天的工作都被固定住了,他想要有所发挥,又总是被父亲的数据理论给压下来。

后来米勒因为出了交通意外而长期住院,在这段时间,只能由儿子出来暂时接管业务,统领大局。结果半年之后,等到米勒出院并重返公司的时候,发现这段时间内公司的业务量增长了将近一倍,公司的产量也得到了大幅提升,而且公司还申请了 8 项技术专利,而在过去的三年时间里,公司只申请了 2 项技术专利。

米勒很激动也很疑惑,他不知道儿子是怎么做到这一切的,小米勒笑着回应说:"因为您以前只让我干那些,也只让我干那么多,但我不是机器,我能做得更多更好,我相信您的员工也是一样。"米勒听后觉得很有道理,于是废除了那些规章制度。

实际上,给员工设限关乎团队的信任问题,证明领导对员工的能力有所怀疑,这种不信任会严重伤害员工工作的积极性。从"马斯洛需求层次理论"中可以看出,员工既有满足基本生活的物质需求,也有获得尊重和信任的需求,更有满足实现自身价值的需求。对于员工来说,工资并不总是终极目标,很多时候他们更加渴望证明自己,渴望站到更大的舞台上去发挥自身的价值。如果领导者只是依据制度行事,只是千方百计地推行和保持企业内部的某种量化标准,那么就会伤害员工的进取心。

在过去的 5 年中，一些跨国公司的人才流动性越来越大，跳槽的精英人才越来越多，而他们跳槽的原因虽然多种多样，但觉得自己没有获得足够的发挥空间和良好的发展平台通常是最主要的原因，或者说那些跨国公司无法满足这些精英实现个人价值。一旦公司给员工设限，那么就可能会造成人才的流失。

这是一个世界性的难题，也是让那些跨国公司头疼的事情。看看中国近年来风头最盛的"跳槽狂人"卫哲，他在大学毕业后，先后进入上海万国证券公司、上海水仙电器公司、普华永道会计财务咨询公司、东方证券投资银行、百安居、翠丰集团、阿里巴巴等知名企业，而且在这些公司都身居要职。他的履历如此光鲜，却仍旧执着于跳槽，很大一部分原因就是觉得自己的发展受到了限制，所以他要不停地寻求突破。

有位企业家说："你愿意员工是什么，他们就会变成什么。"而在现实中，由于受到团队机构的限制，很多领导者更加愿意对自己的员工进行定位，更愿意将他们设置在某一个特定的框架之内，结果除了那些跳槽的精英之外，很多员工可能真的会被限制住。这也是经常会听到很多员工抱怨自己当了一辈子的车间主任，干了一辈子的研发，或者做了一辈子的助理的原因。从某些方面来说，这些员工也许生活无忧，甚至还很富裕，但是他们很可能因此失去了创造更多精彩人生的机会。

当然，从整个团队发展的角度来看，领导者的这种做法也有很大的缺陷，即会限制员工们潜力的发挥，会压制队员的进取心和创造力。很多公司招到了很多非常好的员工，可是公司的活力和创造力一直不够，原因也正在于此，因为很多领导都是想当然地让员工们干这干那、不能干这干那，各种条条框框一大堆，结果约束了员工的思维和行动，时间一久，员工会形成思维定势，很难再寻求什么重大突破了，这时候团队的能力就会因为那些僵化的体系而慢慢退化。

　　所以领导者不能过度干涉团队内部的事情，不能过度限制和约束员工的工作，好员工应该具有各种可行性和无限的潜力，优秀的领导应该善于挖掘和激发这种可能性，而不是将其限制在某个狭小的范围内，当你在员工头顶盖上盖子后，那么整个团队也许真的就永无出头之日了。

五、举荐人才切勿任人唯亲

关于什么是现代企业制度应该具备的特质，多数人的看法都不一样，不过现代企业制度肯定需要保持公平民主，需要维持足够的透明度，而公平民主通常都体现在用人机制上。一个公司是依据人情关系任用人才，还是依据能力和实力来任用人才，决定了这个公司和团队的透明度。

在一些民主化程度比较高、制度比较完善的企业中，有能者居之的现象很普遍，企业也乐于为各种精英提供机会，在这些企业中，团队利益高于一切。当然，在有些企业，尤其是一些家族企业当中，任人唯亲的现象经常出现，所以家族企业通常不能长久。虽然家族企业拥有足够的控制力，可是家族企业的缺点同样很明显，那就是家族企业将亲情放在团队利益之上。这时候，一些缺乏能力的内部人士很可能会因为特殊关系而担任重要职位，最终破坏了整个团队的化学反应。

罗斯柴尔德家族是世界上公认的最成功的家族，可是它也免不了落败。在《货币战争》中，这个家族影响了现代西方的政治、军事，以及经济，尤其是金融体制的发展，其家族势力也渗透到西方各国的政治经济体系当中。据说整个家族在巅峰期的资产超过 50 万亿美元，可是现如今罗斯柴尔德家族的资产可能不到 300 亿美元，而这种快速的落败是很多因素导致的，社会的发展、战争的爆发，都影响了家族的发展，可是最后的落败也绝对和家族内部的任用制度有关。为了防止权力和资金外流，家族内部的通婚制度非常严格，并且家族企业任人唯亲，这样就限制了家族企业的眼界，最终导致很多重大策略的失误。

对于一个团队来说，想要获得发展，人才始终是最重要的因素，当然人才的任用需要有科学合理并且公平的体制来支撑，这不仅仅是对体制的考验，更是对领导者的考验。如果领导者注重人情，更加看重所谓的人情关系，那么很可能会选择最亲近的人担任要职，可能会让身边的人进入团队，而突出的问题就是这些人是不是真的适合出现在团队中，他们是否能够完美地契合和推动团队的合作。很显然，在多数情况下并非如此，那些被举荐的亲戚、朋友，往往会成为团队发展的绊脚石。

从企业长远的发展来看，这种伤害是非常明显和巨大的，而一般来说，这样的领导绝对不是一个合格的领军人物，至少他并没有真正为团队的发展考虑。实际上任人唯亲是一个全球化的顽疾，因为多数人很难在繁复的社会网络中保持理性思维，很难拒绝那些亲近自己的人，所以他们很可能将生活上的私人感情和私人关系强加到工作当中去。

而那些有活力的企业和公司，实际上都依靠民主制度在运行，领导者在人事任免上受到了各方的监督，而他们自己也愿意为整个团队做出最合理、最正确的选择。当然这并不意味着任命亲朋好友就总是错误的，实际上如果你选定的人具有足够的实力，能对团队的发展做出很大的贡献，那么无论这个人是你的亲人、朋友，还是陌生人，都无关紧要了。像李嘉诚就将自己的业务给儿子来管理，虽然免不了还是要走子承父业的老路子，但是至少从目前看来李嘉诚的两个儿子做得还不错。

不过，在多数情况下，任人唯亲很容易让庸人插手团队内部事务，造成内部的失调与混乱，而那些真正有能力的人却失去了施展才华的好机会，这样对团队的积极性有很大的影响。这也是为什么在任人唯亲的家族企业，团队成员之间通常都缺乏足够的向心力和凝聚力，而且员工的办事效率往往不高。

从深层次来说，任人唯亲就是一种人才的错位配置，这种做法不一定都是荒唐的，但肯定是缺乏合理性和效率的，对团队文化和价值观也是一种冲击和挑战。在现代企业的管理理念下，一个人的成功上位实际上不应该是"因为你是谁"，或者"因为你是谁的谁"，而应该是"你能做什么，你的价值是什么"，这是管理体制和竞争机制残酷但是科学的一面。在这种机制面前，领导们应当竭尽全力做出最正确的选择，找到最正确的人，而不是那些让你感到最舒适的人。

过去的发展经验已经表明，特权通常是导致错误和失败的根源，领导者应该避免利用自己的职权让那些错误的人做错误的事，这是维持人力资源合理配置的关键。股神巴菲特有很大的一份家业和自己的公司，但他的儿子彼得·巴菲特却是一个音乐家，很显然，因为儿子不擅长投资领域的工作，也不喜欢做这类事，巴菲特干脆不让他进入公司。有人询问巴菲特为什么不让彼得进入公司，巴菲特笑着回应："我不想让他感到自己的生活是错乱的，同时也不想让整个公司感到手足无措。"

这是智慧，是勇气，但这更是一个企业负责人对于整个团队的责任心。他将组织的利益、团队的利益放在了第一位，这只是一个旨在维持团队平衡的领导者具备的基本素养。事实上，没有人清楚彼得进入父亲的公司后会发生什么，他又能做些什么，但毫无疑问的是，彼得并不适合做这些工作，假如换上另外一个合适的专业人选的话，对方所创造的价值肯定会比他更高一些。如果每个领导者都愿意这样去想，那么就不会因为人情和工作上的取舍而感到困扰了，更不会犯下人才错位使用的错误。

六、切忌拿员工和别人做比较

　　领导通常最喜欢拿自己的员工和别人的职员做比较，尤其是当别的职员聪明能干的时候，领导者的这种嫉妒心往往会加剧，于是"看看某某人"或者"向某某看齐"会成为他们的口头禅。这对员工而言，绝对是最痛苦的，因为这种横向的比较最伤自尊心，对员工的工作积极性是一次重大的打击。

　　恨铁不成钢的意识在企业家中比较盛行，尤其是那些发展状况不好，或者对于竞争对手的强势感到妒忌和恐慌的企业，他们通常都会将企业发展不好的责任推到员工身上，领导会觉得正是因为自己的员工不努力，正是因为自己的员工不够出色，才会使自己被对手赶超。也许做比较是出于一种激励，但这种激励很多时候都是以负面影响为主。

　　轻易就把自己的员工做比较，这种做法绝对是不明智的。因为，领导至少犯了三个错误。首先，公司落后别人一步或者发展出现问题，绝对不仅仅是员工个人的事，像公司的发展策略、技术水平、资金、营销策略、领导的水平、合作的默契等都会影响公司的发展。

　　其次，员工并不是领导的私有财产，这种比较只是一种蛮横的游戏规则，是领导挫败感的具体体现。对于整个团队来说实际上都是不公平的，而且这种比较更像是对于员工或者团队的羞辱。

最后，这种比较实际上意义不大，因为你的员工和别人的员工可能根本不是同一类型的人，他们所处的工作环境，他们的知识水平、性格特征、能力、思维方式都是不一样的，对方比自己的员工做得更好，并不意味着他们就更加强大，也许是对方做了他们最擅长的事，也许仅仅是运气使然。

领导当然都希望自己的员工是最强大最优秀的，但是这种优秀需要各种条件来满足，整个团队如果缺乏那些条件，那么就自然达不到优秀的标准。而且多数人可能会有一种媚外的心理，认为别人的东西都是好的，认为自己的东西比不上别人的。在团队中也是一样，领导通常更愿意相信别人的队伍比自己的要好，更愿意为自己的失败找一个借口。但实际情况往往并非如此，领导很容易在误判中贬低自己的幸福感，降低团队的价值，而过高估计别人的能力。这是一种非常脆弱敏感的心理，就像有些人总是觉得别人花园里的花更美一些，当你认真观察的时候，很可能会发现自己的花并不逊色于他人的。

对于一个团队来说，保持自信很有必要，这是推动组织继续向前发展的动力，也是获得突破和进步的前提。如果在别人面前丧失了信心，那么对手最终会将你甩得远远的。更致命的是这样将会引起内乱，当员工的自尊心受到伤害后，他们对于团队的信任度会下降，归属感和幸福感也会降低，最终很可能会造成团队分裂。

每个员工都有自己的价值，都具有自己最擅长的方面，领导要做的不是让他们效仿别人，成为对手那样的角色，而是要将他们打造成独具特色的队伍，要让所有的队员发挥出自己应有的价值。换句话说，领导觉得整个团队缺乏竞争力的时候，很可能不是员工的能力不行，而是领导没有挖掘和激发出这些潜力，也没有将队员的能力合理整合起来。所以，与其羡慕其他团队的强势，倒不如安安心心地提升自己的水平，好好挖掘自己员工潜在的能力和价值。

希尔顿酒店开业后，有人质疑酒店的工作人员能力不行，对此，创始人希尔顿在接受采访时表示："老实说起来，我本人对酒店职员的能力和学历可能比其他酒店的职员要低一些这件事毫无兴趣，我只能说或许是这样，但是如果让其他酒店的那些职员来我这儿上班，相信他们做得可能还没有现在这么好，因为我们的员工足够专业。"在希尔顿看来，能力上的差距有时候并不那么重要，或者说这种差距本身就是不存在的，关键还是要看合不合适，毕竟这个世界上并没有所谓的最好的，而只有最合适的，如果你的员工适合这个团队，那么他们就是最优秀的。

在 2004 年的时候，NBA 总决赛在湖人和活塞两支球队之间展开，赛前大家一致认为湖人将会碾压对手，可是活塞的发言人说："很显然，湖人的球员比我们更有天赋，个人能力也更加突出，但我们不想多做比较，我们也有自己的特点，而且并不比任何人差。"结果，活塞最终以大比分 4:1 赢得了总决赛。

实际上，活塞队的成功为所有的团队树立了一个标准，那就是不要去盲目相信别人的队伍，而应该专注发挥自身的优势，这种优势可能是合作的默契，是良好的沟通环境，是优势互补，是绝对的专注力，而这样的团队通常才具备最强大的竞争力。作为领导，所要专注的不仅仅是账面上的价值，而更加应该看到这个组合内在的潜力和价值，应该看到整个团队独特的优势所在。

在世界知名的公司中，从来没有哪个公司会羡慕竞争对手的员工，他们甚至可能会相互挖墙脚，但你永远不会听到乔布斯、盖茨、扎克伯格、埃里森等人在讨论谁的员工比自己的职员更出色这种话题，因为这种比较根本没有任何意义。对这些领导人而言，保持团队的独特优势远比打造"第二支某某团队"更加重要。

第四章

如何让团队更有凝聚力和执行力

对一个团队来说，最重要的就是行动力，因为任何一个计划、命令最终都要落实到具体的行动当中去，可以说行动能力的好坏直接决定了企业的目标能否顺利实现。而行动能力的关键在于整个团队是否能够团结一致，是否能够凝聚在一起，是否能够进行分工合作，而员工又是否能够更加高效地执行。从某种程度上来说，凝聚力与执行力就代表了企业的竞争能力和实力，因此如何提升凝聚力和执行力是管理工作的重中之重。

一、分工协作，让"1+1>2"

1991 年，诺贝尔经济学奖得主罗纳德·科斯曾经造访中国，并提出了一个忠告，那就是要更多的中国企业家重视分工。他认为经济增长的秘诀是分工，他建议那些优秀的企业家应该从黑板经济中走出来，转而去真实世界中研究分工和生产的制度结构，从而优化整个企业和团队的结构。

事实上，在很长一段时间内中国企业对企业分工缺乏专业性的研究，也没有对各部门的职责进行细分，尤其是在 20 世纪 80 年代，很多创业者为了在第一时间抢占市场，获得生存的机会，往往会采取比较粗糙的管理模式，为了尽可能地生产出足够的产品，往往是整个企业都窝在生产线上。这样做常常会导致多个部门抢着干同一件事，甚至是部门之间相互使绊子。毫无疑问，这样的工作状态严重影响了效率，阻碍了企业的发展。尤其是随着企业规模的扩大，这类问题会更加突出，这也是后来中国企业普遍引进国外先进的管理制度，并开始重视分工协作的原因。

无论在哪个团队中，分工带来的好处是显而易见的。比如工地上有两个人在拉砖，一人一辆小推车，为了加快速度，负责人决定多叫两个人来拉车，并且多用了两辆小推车，现在的工作量和搬运速度提升了一倍。可是如果负责人改变一下工作方法,让两个人码砖,另外两个人拉砖,那么虽然少了两辆推车,但是砖头运送的量反而会多出不少。这就是最简单的分工协作,而在面对一些更加复杂和烦琐的工作时,分工协作的优势还会凸现出来。

大家都知道美国的飞机制造业世界领先,那么为什么会这样呢?技术先进当然是一个原因,而除此之外,就是因为其分工非常明确。比如波音飞机的生产就并非由某一个企业来完成的,而是各个公司协同作业,每个公司都承担着各自的责任,生产一部分的零件,最后再将所有的飞机零件进行组装。事实上,曾经有很多人对这样的分工提出过质疑,可现实的情况是,这样做远比某一家公司直接承包所有的制造任务要有效率得多。不仅是波音飞机,像美国的战机,其生产线往往也分散在不同的公司,这样既保证了质量,又提升了效率,还降低了风险。

这就是典型的美国制造业,而这种方式实际上成为全世界企业仿效的目标。在中国传统思维中,为了提升速度和工作效率,很多企业喜欢增加人手或者机器,可这样做实际上并没有真正提高效率,而是利用人力成本的加倍来换取时间的减半而已。这种量的增加所创造的价值无非就是达到了"1+1=2"的效果,而明确的科学分工行动则能够形成"1+1>2 的"效果。

"科学管理之父"泰勒就主张一切工作都要进行科学考察,然后明确职责和分工,如果条件允许的话,分工还要进一步细化,因为越是细分职责和分工,效率提升得越高。对于企业来说,分工协作可以为企业的发展提供重要的推力,毕竟效率的提升不仅节约了成本,降低了风险,而且还提高了竞争力。

此外,分工合作的工作方式还能使整个团队的合作产生更大的默契,从而提升团队的凝聚力。因为员工在分工协作的过程中会意识到自己正被同事所需要，同时也意识到自己需要别人的帮助，意识到只有彼此合作才能够最终完成任务。这种认知上的转变会形成一种习惯，久而久之，队员、同事之间在工作上会形成默契，会在相互依赖、相互补充中建立起足够的信任，整个团队的凝聚力也能够得到提升。这样一来，在以后的工作中整个团队会形成更为强大的战斗力和竞争力。

现如今，整个社会都处于分工状态，脱离了分工，脱离了团队合作，那么整个社会的运转会变得缓慢，甚至是停滞，从而进入一个低效率的时代。正因为分工协作非常重要，所以大到飞机轮船火车的制造，小到针线纽扣的生产，都离不开分工。

对于团队的领导者来说，想要让整个团队变得更加高效、更具竞争力、更富有活力，那么首先就要懂得提升团队内部分工合作的水平，要懂得进一步细化职责，确保整个团队处于良性运转的状态。

那么如何才能做好分工与合作呢？首先就是要建立起完善的工作制度和人事管理制度，为整个团队的分工合作提供严格的制度保障。其次要了解工作流程，细化职责，要对每个部门和每个员工的职责进行准确定位，当然为了做到这一点，就需要管理人员了解每一个部门和员工的专长和能力，从而确保人力资源的合理利用。

从根本上来说，如果领导想要带好团队的话，那么自己一定要有足够的团队意识，千万不要让自己陷入单打独斗的境地，也不要让团队内部处于一种各自为政的局面，因为当团队内部以个体的形式来行动时，整个团队实际上已经名存实亡了。当然团队合作并不是单纯的人力相加组合，而是一个相互补充、相互激励、相互完善的过程。对于一个旨在打造具有强大凝聚力和执行力的团队来说，推进分工协作的制度和方式应该是管理者的当务之急。

二、时刻以团队利益为先

过去，许多企业家似乎不大愿意承认自己的公司所具有的团队属性，相反，他们更愿意将公司纳入自己的私人财产，毫无疑问在社交场合，他们更喜欢说"我的公司"。但随着时代的发展，尤其是在中国渐渐进入国际市场，和国际市场接轨的时代，这种说法实际上代表着相对落后的管理制度。

也许更先进的说法应该是"我们的企业，我们的公司"，这种说法更能够体现出团队的内涵。不同的话语代表着不同的理念，也代表着不同的价值观，当一个企业家将公司称为自己独有的财产时，会想当然地将其他员工当成打工者，当成是为自己服务的人。更重要的是，这样的企业家会将企业的利益所得等同于自身的利益，而这么做的后果就是他们常常会为了满足个人的私欲而弃整个团队的利益于不顾。

比如说，企业领导人会漠视员工的利益和权利，他们会觉得员工的获利和自己的利益是相冲突的。另外，他们会放弃作为企业领导人原本应该承担的社会责任，包括慈善捐助、污染治理以及相应的基础设施建设等。

不仅如此，看重自身利益的他们还会变得自私自利、目光短浅，很多时候为了满足眼前的利益而放弃长远的打算。有关这一点，在很多破产、被兼并重组的企业中非常常见，很多企业法人代表只关心最后自己能拿多少钱，而不管整个公司员工的利益。

之所以会这样，就是因为领导者缺乏团队意识和团队精神，以至于他们总是认为整个团队都是自己一个人的，领导一旦有了这种想法，那么他肯定不会考虑团队利益了，更不会在工作上想到以团队利益为先。而从发展的角度来说，将整个团队当成私人财产的公司往往难以长久发展下去，领导者的做法会伤害团队利益，会导致团队内部凝聚力的丧失，员工们不再有归属感，不再会积极卖力地工作。

相反，如果领导者愿意扛起整个团队，将自己当成团队的一分子，全心全意地投入到团队活动当中去，那么领导一定会为员工起到一个很好的表率作用，自然而然地，所有的员工也会养成良好的团队意识。另外，以团队利益为先的做法，会让所有员工觉得自己受到了足够的尊重，会让他们感觉到自己被当成了合作伙伴而不是打工者。

领导不仅要注意自己的态度，同时还要帮助员工建立起团队意识，要帮助他们树立正确的价值观，培养他们的奉献精神。时间一久，员工会对团队产生一种强烈的归属感，他们会主动将自己的目标和团队的目标保持一致。

好的企业和团队应该保持一种良好的形象，保持一些良好的习惯，这种形象和习惯会成为企业文化、团队文化的重要组成部分，并在团队发展中起到重要的推动作用，而时刻以团队利益为先的做法就是推动这些形象和习惯成形的关键。无论是领导还是员工，都应该具有这种意识，都应该懂得将自己当成是团队中的一分子。

在世界上，员工认可度高的公司通常都有一个共性，那就是良好的团队文化。在整个团队中，人人都愿意为团队利益做出牺牲，企业的负责人更是以团队为中心，以员工为中心，不会因为个人原因而损害团队。员工则具备奉献精神，甘愿为团队的发展做出贡献，当自己的利益和团队利益冲突时，更是会主动放弃自己的利益。

欧洲有家跨国公司的董事会准备给首席执行官配备一架私人飞机，可是当首席执行官得知这架私人飞机要花掉 2500 万美元，且每次的飞行和维修费用都达到数万美元的时候，他犹豫了。他觉得这架飞机可能会是整个公司的财政负担，于是决定放弃。最后员工们联名写信请求他购置私人飞机，大家都觉得他值得享用一架高配置的私人飞机。但他还是拒绝了，他写信回复员工说："这 2500 万美元加上每年不菲的维修费用，我觉得都可以用来建立一个小型研发中心了。"

接下来的三个月，公司的各种开销费用下降了 10%，原来员工们也开始自觉节约花销，出差时自觉控制花费，很多人开始坐经济舱，平时出门也主动坐公车，减少了油费报销。

这就是一种联动效应，当一个团队中有人从大局出发，为整个团队积极付出，那么就会形成一种良好的氛围，大家都愿意将团队利益当成核心，都会养成乐于奉献的精神，彼此之间会更加信任，团队内部的凝聚力会有所提升。而领导的领导力和控制力会得到增强，管理起来会更加方便，而员工的执行力也会有所提高，他们更愿意服从命令，工作的积极性和效率也会提高。

领导的任务不仅仅在于带领整个团队、维护整个团队，更重要的是要创立良好的团队文化，要确保团队的文化概念在所有人心中根深蒂固。过去很多企业家认为团队意识和团队奉献精神是出于个人的自觉，是一种觉悟，但实际上通过制度的建立和企业文化的渲染，加上平时的合作和沟通交流，以及个人表率所带来的潜移默化的影响，这些都能够有效帮助员工建立"团队优先"的价值观。

美国前总统肯尼迪说："不要总是想着国家能给予你什么，首先你要看看自己为国家做了什么。"他觉得一个以自己的利益为首要追求的民族是堕落的，是没有任何前途的，对于整个团队来说何尝又不是如此。如果所有的人都愿意为团队而付出，那么整个队伍就一定会变得无所不能、无坚不摧。

三、胡萝卜加大棒

美国前总统西奥多·罗斯福曾经制定了"胡萝卜加大棒"的政策，实际上这是一种奖赏和惩罚并存的政策。在管理层面，"胡萝卜加大棒"也常常被使用，也就是所谓的正激励和负激励。实际上在中国古代，中国人就非常善于使用恩威并施的手段，这种方法在团队管理方面成效显著，而且对于维护团队的凝聚力和执行力等方面有很重要的帮助。

惩罚员工实际上似乎更加符合领导者的地位和权威，它是上级对下级进行管理和约束的一种必要手段，目的在于规范员工的行为，确保计划和目标能够在正确的道路和方向上，以正确的方式来实现。大棒政策一般包括克扣奖金、降级处分、通报批评、当面训斥等，这些都可以起到一定的威慑和惩戒作用。

当然，惩罚员工的目的并不是打击和重创员工，而是一种警示和约束，要让员工知道什么事情可以做、什么事情不能做，一旦做错了将会受到什么样的惩罚。它可以时时刻刻约束员工的行动，让他们兢兢业业，做好本职工作，保持对整个团队工作的专注度，确保员工的执行力不会松懈。

事实上，有了惩罚的威慑，公司的各种工作才能顺利展开，才能减少各种工作进行的阻力，领导者和管理者可以安心分配和协调各部门的工作。在很多制度不完善的企业，或者领导者一味充当老好人的队伍中，员工的执行力通常都比较差，原因很简单，他们不必担心自己会因为工作没完成或者做得不够好而受到惩罚，不会担心自己的一些过失会为公司带来什么不利影响。所以员工的整体水平会下降，工作变得懒散、队伍变得涣散，整个团队往往缺乏统一的目标和方向。

对于一个领导者来说，整个团队都应该在自己的控制之下，这种控制需要一种相对强势的力量，所以大棒政策是很有必要的，你需要让所有的员工坚定地执行命令，让所有的员工按照早已规划好的方案去实施，要确保员工不会搞内斗，不会各自为政。在一种相对高压的态势下，整个队伍的纪律性和统一性会得到提升，从而也提高了队伍的执行力。

如果说惩罚会让员工觉得害怕，那么奖励则能够带来愉悦感和幸福感。它包括工资、奖金、福利以及升职，再加上一些人性化的关怀，或者提供更多发挥才能的机会和平台，等等。过去，领导者认为奖励就是物质上的奖励，古典经济学家认为人的行为和动机是由经济利益决定的，人首先是经济人。这种说法从今天来说并不那么合理，毕竟员工还有一些精神上的需求，他们渴望受到尊重，渴望得到施展才华的机会，领导同样需要重视这些。

这些物质以及精神上的奖励实际上满足了员工的生存需求，同时也让员工感觉自己受到了尊重，这会激发出他们努力工作，进一步实现自我价值的愿望，这是增强凝聚力的重要手段。

曾国藩曾经一手创办了湘军，而湘军只不过是地方军队，而且其中的多数人还只是农民，但是这支队伍无论是从战斗力还是协作力上来说都是一流的，而当时的八旗兵则懒散堕落、缺乏纪律性，内部纷争众多，不够团结，执行力也很差。那么为什么会这样呢？原因就在于曾国藩深知如何用物质来激励队伍，他认为士兵们出身贫困，当兵打仗无非是为了升官发财，因此他对于表现杰出的士兵给予高薪、官爵、社会地位，结果士兵们自然人人奋勇争先。

对于一个领导人来说，需要强化奖惩制度，惩罚侧重于制度和权威的威慑力，而奖励更具弹性，它可以是制度上的硬性要求，也可以是人性上的关怀，而且多数时候更偏于人性化。将两者结合起来可以有效提升领导的影响力，对约束员工、激励员工有很大的帮助。

这是一个非常简单实用的方法，是一种人与制度的完美结合，而为了更好地理解和推行这种方法，可以从它的源头来理解。事实上，它源于一个非常古老的寓言故事，据说农夫为了让驴子赶路，常常会在棍子上系着萝卜，然后将萝卜挂在驴子前面，每过一段时间就让驴子咬一口，这样驴子向前的动力会增加。与此同时，农夫还要在手里拿一根棒子，因为一旦驴脾气上来，会故意捣乱，毕竟驴也存在惰性，它有时候可能会故意拖延。而棒子在手的话，农夫随时可以在后面敲打它、驱使它，让它乖乖听话。

很多领导会抱怨自己的员工执行力不强，认为员工的工作态度存在问题，而员工的工作态度一方面和个人的思想以及素养有关，另一方面则和自身的待遇有关。领导一定要从更深层面去思考和分析问题，找出问题的关键并着手进行解决。反过来说，如果他愿意给员工更多的物质奖励，愿意满足员工的需求，同时强化制度的作用，增强个人的权威，在管理上给予员工更大的压力和约束力，那么整个队伍就不会表现得懒散不堪、人心涣散了。

四、提升员工的归属感和荣誉感

对于一个好的管理者来说，如何经营好一个团队，关键在于能否更加科学有效地管理好团队中的每一个成员。而如何有效提升团队竞争力，关键在于能否充分发挥出员工的价值，在于如何让员工更加积极主动地为团队的事业作贡献。当然，想要经营好一个团队，想要让团队变得更加优秀，这就离不开一些正面的激励，比如给员工增加工资，给员工增加奖金，或者给员工升职，这些物质奖励通常都能够有效激发员工的斗志和潜力，但仅仅是物质奖励还是不够的。

从社交层面来说，任何人都渴望得到身边人的认可，员工也需要得到认可，这种认可不仅仅是技术层面的，还包括感情方面。也就是说，一个员工不仅应该因为自己的价值和能力而得到重视，还应该在感情上、精神上受到足够的尊重，这主要包括归属感和荣誉感，一旦员工的归属感和荣誉感得到提升，他们的工作积极性、凝聚力也会得到增强。

在这一方面，很多公司做得非常棒。比如雅芳公司就有不成文的规定，每个员工过生日和新婚时都会得到来自公司的一份小礼物，员工在生第一胎的时候，公司会送上特别的贺金。公司的这种做法让员工深受感动，因为员工会觉得自己被当成了整个公司的一分子，就像一个家庭成员一样，所以他们的归属感很强，他们的奉献精神也是全世界数一数二的。

其他的一些公司也会存在类似的举措，有些领导会选择和下属一起工作，而且一起睡在办公室里，有的老板会经常去员工家里串门，甚至捎带着买一点菜，还有一些领导会经常举行聚会，让员工和自己一起狂欢。这些做法旨在向员工表明一个立场：你是我们中的一分子，而我也是你们之中的一分子，大家同属于整个大家庭。这种表态很重要，也很有效，它使得整个公司的凝聚力达到了一个更高的水平。

优秀的领导应该重点培养员工的主人翁意识，不要让他们觉得自己只是公司的雇员，是一个挣钱的工具，而要让他们主动融入到团队中来，让他们感受到自己和团队始终是同步的。要做到这一点，领导的人性关怀必不可少，这种关怀有时候很琐碎，比如平时见面的简单问候、生活上的嘘寒问暖、休闲时的聚会、工作中的耐心辅导，这些小细节都能够很好地拉近彼此之间的距离。当然平时也要给予员工更多的机会和一定的职位，以及自由发挥的空间，让他们有机会发表自己的看法，有机会积极参与到团队工作中来。当他们有更多的机会和自主权来接触团队的工作，当他们建立起足够的责任心，当他们认为自己得到了足够的尊重，那么团队的概念就会更加深入人心。

除了归属感之外，提升员工的荣誉感也很重要，在过去，很多企业管理者认为员工工作就是为了工资，实际上这种狭隘的看法忽视了员工实现个人价值的需求，这种需求就是建立在荣誉感之上的。很多员工并不在乎自己能拿多少工资、被安排在什么样的岗位上，他们在乎的是自己的工作是否得到了别人的认可、自己的价值是否得到了别人的尊重和重视，他们更加在乎自己的工作成果能够造成何种影响，能够产生多大的价值，他们因为这些价值而感到欣慰，并建立起足够强的存在感。

安利是一个非常注重培养和保护员工荣誉感的企业，很多公司在奖励表现突出的员工时，老板可能会选择为员工增加工资和奖金，会为员工购买豪车和别墅，但是安利公司不仅仅如此，老板还在公司内部设立了独特的精神奖励。比如公司按照员工的表现，设置了银章、金章、红宝石、明珠、蓝宝石、翡翠、钻石等不同等级的荣誉称号，以此来肯定员工的价值和贡献，这些称号和奖章虽然并没有物质奖励来得实惠，但培养和提升了员工的荣誉感。实际上，安利公司的这种制度已经广泛流行，很多营销公司非常乐意采用这种精神奖励的制度。

从管理理论的发展过程来看，这是管理制度、管理方式、管理策略的一种改进，要知道领导虽然是整个团队的核心人物，但这并不意味着整个团队必须以他为中心，并围着他转。相反，现代社会体制下的团队更应该看重员工的利益需求，而这种需求的更高层次就是个人的情感体验，是员工在团队工作中所能感受到的优越感、舒适感以及幸福感。管理者和领导者应该转变思路，并且要想办法让员工也转变并接受这种思路。

经济学家们一直在呼吁企业家要真正地将员工纳入到整个团队体系当中，这种吸纳并不是强迫地设置一个框架，或者是象征性地让他们参与到工作当中来；这种吸纳也不是简单地说"你是我的职工，你要为我做事"，而是应该刺激员工主动去迎合团队的需求，去适应团队，要让他们意识到自己是整个团队中不可或缺的一分子，并且发挥自己的价值。

换句话说，如果当员工感觉自己是被人排斥在外的，或当他们觉得自己和领导只是老板与雇员的关系，或者觉得公司只是上班挣钱的地方，这就是一个危险的信号。而当员工感觉到越来越倦怠，感觉到自己的工作枯燥无味，除了挣钱，找不到任何工作的理由，也感觉不到任何的成就感和快乐，那么就证明了他们已经对自己的工作丧失了兴趣。无论如何，这些都不利于整个团队的发展。

所以领导者需要坚持以人为本，时时刻刻都要以员工的利益为重，要注意去维持和提升员工在整个团队中的存在感。

五、保持个人目标和员工目标的一致

　　怎样才能让别人成为自己的伙伴，和自己成为一路人？相信很多人都能够得出答案，那就是保持双方利益的一致，或者说保持双方目标一致，这样双方才愿意为了共同的利益追求而形成合作关系。目标的一致性往往是合作的前提，也是一种合作的动力。

　　正因为如此，在经营团队的时候，管理者应该懂得利用目标的共性来维持团队的和谐与平衡，并确保团队能够在同一个方向上快速前进。很显然，管理者要做的首先就是保证自己的追求和员工的追求是相同的，至少应该具备很多共同点。当然想要做到这一点，就需要考验管理者的管理智慧，毕竟在传统的理念中，员工的最终目标是得到更多的工资和奖金，或者获得更多发展升职的机会，而管理者和领导的目标则在于确保公司利润的最大化，确保自身利益的最大化。

　　在这里，如果员工认为自己仅仅是雇员，因此他们所承担的义务就是完成工作，然后顺利拿到工资，一些有上进心的可能会想方设法做到更好，以便获利更多。而如果领导认为公司是自己私有的，公司的利益就是自己的利益，所以他才会想方设法地谋取个人收益的最大化。这样一来，领导和员工之间的目标实际上存在脱节，毕竟都在各取所需，都在寻求满足自身利益的方式。长时间如此的话，会造成一些负面影响，比如公司的老板会想办法降低成本，因此免不了要减少奖金，减少福利。领导还会要求员工加班，但是加班费却给得很少。这些做法虽然保障了领导的利益，但却严重损害了员工的利益。所以员工反过来又会偷工减料、敷衍了事、懒散地对待工作，导致工作效率下降。很显然，双方在利益上的追逐战会导致整个团队的发展陷入恶性循环当中。

如果领导足够明智的话，就要想办法改变传统的落后的经营管理理念，要懂得寻找和员工之间的共同点，那么这种共性实际上就是团队，这是维系双方关系的桥梁，毕竟领导和员工都是团队的组成部分，都是团队中不可或缺的一分子。当然从更科学的角度来说，团队是高于一切的，团队的目标就是领导和个人的目标，而从利益索取的角度来说，这也很合理。当团队获得发展的时候，利润会增加，领导的个人利益也能够得到满足，而员工也会因为企业的发展而得到更多的利益。

正因为如此，领导需要保持个人目标和员工目标的一致性，需要将个人的追求和员工的追求统一起来，并且共同纳入团队体系当中去。比如给公司设定一个更高的产值目标，设定一个更高的市场占有率的目标，这样实际上符合了团队内部所有成员的利益，大家都愿意为之而努力。

管理学家认为"目标引导了行动"，因此共同目标有助于协调领导与员工之间的步调，有助于帮助他们形成更好的协作关系，这些协作行动会进一步加强双方的默契和信任，也会让命令的发布与执行变得更加顺畅。

亚马逊的总裁贝佐斯并不是一个超级演说家，但他的演讲却总是富有独特的吸引力，而这种魅力往往源于他的团队精神。和其他一些大型公司相比较，亚马逊的个人标签并不明显，贝佐斯也不是一个过分张扬的人，至少他从来不会有意突出自己的成就，而是采取捆绑销售的方法，比如当他在公开场合演讲时，经常会说"我们正在做一项伟大的事业""我们应该一起开创未来""让我们一起实现理想"，在这里，他将自己称作是团队的一分子，从而将个人目标和团员的目标紧密结合起来。

曾经有记者采访贝佐斯，"亚马逊作为世界上最大的网络电子商务公司之一，这是因为你一直都有这样的目标吗？"他笑着回答说："我当然有这样的想法，但重要的是我的团队也一直都以此为目标，我很幸运我们有着共同的理想。"

当然，所谓的目标一致应该是长远目标的一致，毕竟一个企业在发展过程中会经历各个不同的阶段。在发展初期的时候，生存是第一要务，所以节省成本和追求利润是领导最重视的问题，而员工则因为有养家糊口的需求，将工资视为最重要的所得。当企业慢慢步入正轨，且有了稳定的发展之后，企业的目标应该是长远的发展，这个时候，领导和员工的目标有了更多的共性，领导应该抓住这些共性，比如员工希望自己得到更多的机会来发挥才能，而领导也希望员工的价值得到充分发挥，希望工作效率得到增加，所以领导应该给予员工更大的平台和更多的机会。最后，当一个企业成熟壮大之后，领导不再单纯地追求利润，而是专注于打造一个伟大的品牌，这同时也是员工的梦想，毕竟一个好的品牌能够给整个团队都带来巨大的荣誉。

可以说，保持目标的一致，对于整个团队的发展来说是有很大的推动作用的，首先，目标的一致会促进合作，会加强彼此之间的沟通和交流，会让原有的管理和被管理关系转变成为共同奋斗的伙伴关系，双方的合作会更有默契，效率也会更高。

其次，一致的目标能够激发员工的积极性，因为员工会觉得自己受到了重视和尊重，会将自己当成团队中的重要成员，这不仅提高了归属感，还对他们的信心培养很有帮助。因此，整个团队凝聚力会更强，而员工的自觉性会得到提升，执行力也会变好。

无论如何，领导和员工之间并不是对立的，而是相互依赖、相互扶持的，保持目标的一致能够加强这种相互依赖的关系，能够强化彼此之间的合作意识。

六、提升个人魅力

在一个团队中，很多管理者会运用各种手段来治理和管理团队内部成员，目的是约束和引导对方按照自己的意愿行事。比如运用权力压制和威慑对方，运用权力来诱导对方，无论是给予奖励，还是进行威慑和惩罚，这都是管理人的必修课。

但是在管理中，权力的作用也是有限的，而且弄不好会贻人口实，而从本质来说，权力更接近于一种非主观意愿上的手段，一种技巧，而不是一种出于真诚的感情。从这一方面来说，这种技巧性的管理方式难以长久地俘获人心，至少对于一些理性的员工来说是这样的。

正因为如此，管理者或者领导在处理上下级关系的时候，更应该注重个人修养的提升，更应该运用自己的个人魅力来征服下属。毕竟个人魅力往往是个人形象最真实的反映，它代表的是一种内在的素养，而不是表面上的技巧表演，这种内涵更能够打动人心，也更具有吸引力。

很多优秀的企业家之所以能够出色地管理整个团队，不在于他们的学历有多高、技术有多棒、口才有多好、手段有多高明，而在于他们自身有足够吸引人的魅力，这些魅力实际上成为了一种独特的个人标签，而且绝对价值万金。

乔布斯以独裁和追求完美的个性著称,埃里森则大胆豪爽,扎克伯格朴素无华,任正非低调神秘,这些人都有着显著的个人魅力,而正是这些魅力为他们吸引了一大批优秀的队员。实际上对于很多优秀的人才来说,薪酬有时候并不是最需要考虑的事情,相反,他们会更加看重整个团队的潜力,会看重领导的个人魅力,因为领导的个人魅力有时候就是最好的品牌,这就是最具吸引力的因素。

蒙牛老总牛根生原来是伊利公司的副总裁,后来离开了伊利,离开之后,牛根生想办法自主创业,结果很多老部属纷纷从伊利公司辞职,准备跟着牛根生去创业。当时的牛根生处于人生的最低谷,想要成功创业很难,而那些老部属在伊利公司有很高的工资、很高的地位,本来不需要冒险辞去工作的,但是他们更加相信牛根生的能力和为人,他们和牛根生共事多年,被牛根生的个人魅力深深吸引。

当时牛根生想要创业,最主要的是缺资金和人才,那些老部属纷纷投靠他,并且愿意将自己多年的积蓄拿出来支持他创业,最终使得牛根生有机会东山再起。

据说当时有数百名员工跟着他一起离职,而且这些员工当中有很大一部分都是伊利公司的重要人才,他们的离职并不意味着伊利公司不够出色,而是因为牛根生的个人魅力太过突出,大家都愿意甚至只愿意为他工作。伊利公司的人才离职潮曾经震动了整个商界,很多人认为牛根生一下子带走了半个伊利,这种出众的个人魅力在整个商界也都是非常罕见的。

很显然,领导者的个人魅力在吸引人才和管理团队方面有着重要的作用,至少这种独特的吸引力就足以让整个团队凝聚在一起。毕竟当员工觉得自己正在被领导所吸引的时候,他们的工作态度、价值观可能都会受到影响,这种情感上的倾向性就会演变成一种向心力,这对整个团队工作的推进很有帮助。

有些人说领导者有个性就可以了，可是个性并不一定就是个人魅力，毕竟有些个性可能会让人觉得很不舒服，甚至是反感。个人魅力是个人满足他人需求的能力，是个人由语言、动作、气质所表现出来的，得到别人的感性认可，甚至模仿自身所能散发出的气质，潜移默化地影响他人的情感、活动的能力。它是一种富有个性化的素养，能够让周围的人感觉到舒适、安全、有吸引力。

按照人际吸引的基本规律来预测行为、引导行为和控制行为，培养个人魅力，就能建立良好的人际关系。那么领导者应该怎样表现个人魅力或者怎样提升自己的个人魅力呢？

首先，要做到表里如一、真诚做人。对领导而言，他所表现出来的涵养和素质应该是内在散发出来的，而不是演戏。就像你假装认真倾听别人的观点时，却不知道别人到底说了什么，当你在演讲时满口说着"很高兴有机会认识你们"时，却一面又死死盯着听众的鞋子看，这些毫无疑问暴露了你的言行不一。事实上，任何矫揉造作都可能会摧毁领导者的个人形象，所以领导应该展示的是真实的自我，应该让一切表现得亲切自然，这是为自己加分的重要方式，毕竟相比于一个靠演技来包装自己的领导者，员工肯定更喜欢接受一个真实的上司。很显然真诚和真实的表现能够给员工带来安全感，能够带来更多的信任。

其次，身体语言很重要，丰富的身体语言常常会成为个人的标志。身体是最丰富的信息载体，语言、动作、神态、表情等，这些都能够传递信息，而且每个人的身体语言不一样，这种独特性使得身体语言成为了让人印象深刻的东西。这种东西表现在有的领导说话的时候，嘴角会露出微笑，有的领导喜欢认真地倾听，有的领导说话时和声细语，有的领导外冷内热等。

最后，要注重人格的培养，虽然人格魅力中不乏先天性，但是后天的培养同样很重要，像人格就需要后天的培养和强化。一个有魅力的人必须有良好的人格，因为人格才是真正让人解除防备、增加信任的关键。而人格的培养实际上需要保持良好的心态、良好的生活习惯和社交习惯，需要培养正确的价值观和思想观念，并且尽可能打造科学健康的生活方式。

当然，除了以上这些，领导者还需要提高自身的能力，毕竟领导的个人魅力包含了个人能力和人格魅力，如果领导缺乏能力，那么他的存在感就会下降，他在团队中威信就很难得到维持和提升。可以说，一个有魅力的人首先必须是有能力的，尤其是对一个领导来说。至于能力，一般可以通过学习以及更多的实践锻炼来提升。

简单来说，领导只要能够真实地展示自己的积极面，并且注重个人修养和能力的提升，那么就能够更好地吸引他人，能够在团队中凝聚人心。

七、为团队找一个强大的对手

近年来，很多跨国企业喜欢对自己的对手发表一些火药味颇浓的言辞，三星公司和苹果公司成为了对手，而苹果公司和谷歌公司成为了对手，谷歌公司又和微软公司成了对手。这些公司如此积极地为自己寻找对手，而且是寻找一个强大的对手，原因不仅仅是利用竞争来提升自己的实力，往往还在于利用这种外部冲突和竞争来进一步凝聚人心，提升团队战斗力。

从生存的角度来说，想让一群羊保持足够的团队意识，那么最好的办法就是为它们引进一匹狼，因为当羊没有天敌时，整个羊群会陷入懒散的状态，羊群内部也会因为权力、地位、食物以及交配权而产生内斗，到最后整个羊群可能会一分为二。如果引入一匹狼，那么这匹狼就会成为羊最大的敌人，狼的存在会促使羊群团结起来，不仅会选出一个强有力的领导者，还会组建一个强有力的团队，来共同抗敌。

中国有句古话叫"兄弟阋于墙，外御其侮"，大意就是说兄弟之间虽然经常有争吵，经常有矛盾，也有可能会闹分家，但是一旦有外敌欺负上门，那么整个家族会因为共同的敌人而很快联合起来。这种用外部矛盾来解决内部矛盾的做法实际上就是一种非常有效的管理策略，它能够显著提升团队内部团结合作的能力。

就像苹果、谷歌等公司，它们的内部也存在一些问题，也可能会在发展的过程中，出现价值观弱化、团队合作受阻的一些情况，为了转移或者解决这类问题和矛盾，就需要从外部引入一个更大的矛盾。寻找一个竞争对手，有助于重新唤醒团队的忧患意识，激发员工的竞争力，让他们感受到来自外部的威胁。在外来的压力下，内部的矛盾冲突会被弱化，相互之间的分工协作会得到加强，整个团队的执行力会重新恢复到一流水准，甚至有所提高。

而对于企业或者团队来说，虽然没有必要如此大动干戈，但是道理是一样的，那就是为了防止内部人心涣散，领导者要尽可能地寻找一个强大的竞争对手来为整个团队制造压力。当压力来袭的时候，多数成员都会放下成见，重新携手合作。从心理学的角度来说，当两个人拥有共同的敌人时，他们就是朋友。

不过，并不是所有的团队都是在问题出现之后才会选择寻找外部竞争，对于很多优秀团队、优秀的领导者来说，必须要防患于未然，要保持团队的专注度和合作精神，毕竟一个团队的凝聚力越大，执行力越大，整个公司的战斗力就越强，团队所能发挥出的价值也越大。所以领导者需要给予员工这样的压力，要让他们处于一种高度团结的状态，这样方便组织结构的进一步优化，方便提升工作效率。

摩托罗拉曾经是国际市场上赫赫有名的手机品牌，这家公司也曾在通信市场上呼风唤雨，可是巨大的成功为公司的发展埋下了隐患，首当其冲的就是原有的企业文化和团队文化的破灭。当时，公司内部出现了很多恶性竞争，网络部门和终端部门各自为政，原因很简单，它们都认为自己是公司里最强大的部门，再加上公司外部竞争远没有现在这么激烈，何况摩托罗拉也在巨大的成功中变得安逸和自负，这样就导致了外部竞争的弱化，而这种弱化助长了公司内部的相互竞争，并最终演化成为相互对抗。

公司内部凝聚力的进一步减少导致了两个部门之间势同水火，同时也影响到了整个公司的发展，最后不得已，公司只能忍痛将这两个部门拆分为两家公司，摩托罗拉的手机业务最终分离出去，而这直接导致了摩托罗拉手机快速地衰弱下去。

很多专业人士分析，摩托罗拉手机的覆灭实际上就是因为公司没有在竞争时代寻找一个强大的外部压力，结果导致整个公司的系统陷入混乱和分裂。这实际上为很多公司和企业提了一个醒：公司的团队建设是需要外部压力的挤压和压迫的。

"生于忧患，死于安乐"，这是任何一个团队在发展过程中都必须面对的，很多时候，一个优秀团队的破裂往往不是因为别人的攻击和破坏，而是因为内部出现了问题，因为内部不团结，如果其能够始终像早期刚组建团队时那样，需要承受巨大的竞争压力，需要面对各种强势的对手，那么团队内部就绝对不敢松懈。

很多企业家和领导者喜欢进行团队建设，喜欢不断强化内部的合作机制，不断完善制度，并通过正面的奖励来确保团队的凝聚力，可这样做有时候会陷入一种审美疲劳，员工们对这种常态化的管理方法产生麻木。相反，如果能够替整个团队找到一个强势的竞争对手，那么员工的团队意识会自觉得到提升。因为员工们对于外来危机的感受往往要比内部危机的感受更强烈、更直接，他们会意识到，如果不好好合作的话，整个团队可能会被淘汰，而自己最终也会面临失业。

第五章

平衡好授权与监督
之间的关系

集权与分权一直以来都是困扰管理者的大问题。从管理的本质来说，管理者应该拥有更多的权力，这样才能够更加有效地对员工进行约束和控制，但是从管理的效果以及公司发展的角度来说，管理者手中的权力应该得到稀释，必要的时候应当授权给下属，让他们去完成各自的工作。这两个矛盾实际上使得管理者常常无法合理地做好授权和监督工作，要么授权过多，导致形势失控，要么就监管过于严格，员工的主观能动性受到很大限制。因此，如何在授权和监督中找到一个平衡点，对企业的发展来说至关重要。

一、要善于对员工"放风筝"

18世纪中期，第一次工业革命极大地推动了英国制造业的发展，当时英国成为了世界制造业的中心，工厂林立，到处都是一派繁荣的景象。虽然机器动力的发展解放了劳动力，但实际上那时候的工厂中仍旧存在很多工人。而当时的管理制度并不先进，为了确保员工能够努力并尽快完成工作，工厂不得不专门安排大量的监督者来监管员工的工作，而这些监管者每天跟在员工身后观察和监视，将工人控制在生产线上。

随着管理制度的改进，以及以人为本的管理理念的出现，很多企业开始改变了员工的地位，但是在如何控制和管理员工的工作这个问题上，很多企业家和管理者仍旧抱着陈腐的思想。因为很多企业家认为自己是权力的绝对掌控者，所以有理由让所有的员工感受到这种权力，而他们确实需要运用权力来确保员工的工作量。不过他们同样担心过于强势地压制、监控员工，会造成一些负面影响，比如员工的创造力会降低、团队的凝聚力会下降。

这种困惑在今天仍然存在于很多企业中，对员工来说，他们需要更大的自由度，需要更大的平台和更多的机会来发挥自己的才能；对管理者来说，他们需要对所有的人和事负责，这份责任就导致他们不得不抓住每一个工作细节，不得不将权力紧紧握在手中，从而对所有的人和事进行有效控制，确保所有的工作都在自己的掌控之中。所以到底是该给予员工更大的权力和空间，还是应该缩小范围，将所有的工作规范起来进行有效监督，这成了领导的心头病。

从企业发展的角度来说，领导过度收紧自己的权力和控制力并不是合理的选择，尤其是在现代市场经济体系和现代管理制度比较健全的情况下，这种做法更是不可取。毕竟对于企业来说，员工才是真正创造企业价值、推动企业发展的主体，企业想要发展就需要员工发挥出更多的能力，需要将员工的潜能激发出来，而员工能力的发挥是以得到更多的平台和机会，以及得到更大的自由度为前提的。

另外，有人对集权还是分权感到困惑，不过是因为他们将权力当成了一个矛盾的集合体，尤其是上下级之间的矛盾集合体。这种想法显然不够准确，领导需要用权力监管企业，员工也需要掌握一定的权力去完成工作，而这只需要在双方之间做好协调。也就是说领导要适当放权，而员工可以适当地拥有更多的主动权，而这个度需要得到合理控制，太过了的话，就容易导致员工失去控制，甚至自作主张，这显然不符合公司的利益需求。

良好的企业管理或者单纯的团队管理是趋于平衡的，领导需要找到这种平衡权力的有效方法。比如有的管理者就喜欢采取放风筝的方法，这类方法有一些特点，那就是风筝的线一定要放得很长，而风筝的线则始终需要拽在自己的手里，这样风筝即使飞得再高，也不会脱离自己的控制。这种方法非常适合用来激发员工的创造力，同时又不至于导致管理者的权力丧失。相比而言，放风筝的方法在放权和监督上做了一个平衡，管理者掌握住了一个关键，那就是抓住最根本的权力，这样既能保证员工的自由发挥，同时也能把握最基本的控制力。

　　放风筝的方法更多时候体现的是一种放养式的管理理念，目的在于激发员工的创造力，而这种理念的实施需要领导者改变对权力的执念，改变原有的"领导等于权力"的错误思想，同时也需要增强对员工的信任。在一个团队中，信任是确保员工工作积极性和团队凝聚力的关键，如果领导因为不信任员工而不愿意放权，那么员工的工作态度会变得更加消极，而这显然违背了管理者的初衷。

　　另外，从管理的目的来说，权力的本质是为了通过约束和引导来提升员工的效率，确保整个团队不断向前发展，如果权力的应用达不到这个目的，那么就证明了权力的使用方式出现了问题。把权力集中起来，这肯定是一种极端的管理方式，对团队的发展有害无益。所以管理者有必要对员工放长线，给予他们更多的发挥空间。

　　大卫是华尔街一家公司的顾问，因为能力出众，拥有丰富的工作经验，所以，老板洛根对他非常看重。不过洛根是一个很古板且独裁的人，在他的眼里，员工的唯一职责就是接受他的命令，然后无条件执行下去，所以他还是在各个方面对大卫进行约束和监督，以确保他的所有行动都能够遵从自己的指令。

　　大卫对洛根的集权制非常不满，不过初入公司，他还是觉得应该保持低调和顺从。2007年的时候，公司准备投资对冲基金，当时有好几家对冲基金的业务都发展良好，于是洛根直接拍板，选择了几家公司进行分散投资。可是大卫在分析这些公司之后，发现了一些问题，他觉得这些投资公司的对冲基金风险太高，虽然眼下经济势头发展还算平稳，可是如此高风险的投资实在过于冒险。所以大卫选择了几支发展比较健康的对冲基金，并写了一个报告书去请示老板。

　　洛根在看到报告书后，有些不悦，觉得自己有权力决定该买什么基金，一个顾问是不应该过多干涉的，于是没有理会大卫的请求。第二天，大卫主动找到老板，向他陈述了投资利弊，并且强烈建议老板仔细考虑一下改投其他基金。洛根有些心不在焉，但是他也不希望和大卫闹僵，所以退让了一步，只接纳大卫所选基金中的一个，然后交由大卫去处理。

结果 2008 年爆发了全球性的金融危机，洛根选中的三个基金全部面临亏损，而大卫看中的那一个基金反而有不错的收益。这时候，洛根才意识到自己干了一件蠢事，此后他开始慢慢改变自己的管理方式，不仅放松了对下属的监管和控制，而且主动放权给大卫以及其他的员工，让他们来帮忙做投资，处理一些日常事务，结果 2009 年开始，公司的业绩获得飞速的提升，洛根本人也赚了个盆满钵满。

无论做什么，一个优秀的管理者都应该懂得放权，因为只有放权才能确保整个团队的创新能力和活力。领导如果希望自己的员工做得更加出色，希望从员工那儿得到更多的帮助与回报，那么就要懂得尊重员工的能力，尊重员工的需求，要给予员工实现自我价值的机会。把权力紧紧抓在手中，把员工紧紧控制起来，那么整个团队的发展只会失去空间和弹性。

有人说，用权力束缚别人的时候，往往也束缚了自己。因此权力的掌控者要懂得适当舍弃一部分权力，毕竟人生诸事都是"有舍才有得"，有时候舍弃一点权力，反而能够换来更大的惊喜。对于管理者来说，放权并不意味着失去对员工的控制，也不意味着领导力的下降。总的来说，放松对员工的控制，对领导和队员来说是双赢的，而这恰恰是权力最大的价值所在。

二、让牛自己走路，而不是赶

社会学家在研究人类与权力的关系时，得出了一个结论，那就是但凡掌控权力的人，往往会拥有一个代表权力的道具。教师会有戒尺和竹条，长辈手中会有棍子，军人有军刀和佩枪，就连豢养畜生，人的手中也要有一条鞭子。很显然，这些道具就是权力的一种象征，它们存在的目的就是制造一种威慑力和压迫感，从而有效地驱使他人为自己服务。比如在战场上，当将军抽出佩刀或者专用的配枪，往往显示出一种冲锋的信号，这是一种强大的压迫力，队伍不得不往前冲。

正因为如此，权力往往成为了赶毛驴的鞭子，而它存在的价值就是驱使和控制，是威慑和强迫。不过对于团队来说，想要让它发展，用权力的控制力和威慑力来强制推动团队的前行是不是真的有效？

在当今社会，团队已经越来越看重人性化的管理，这种转变实际上体现了以人为本的理念，这种理念是尊重人才、利用人才的前提。在这样的趋势下，管理人员应该对自己的管理方法做出改变，要尽量弱化个人权力的印记，将权力当成一种引导力，而不是一种强制力。换句话说，领导要做的不是像赶牛一样驱赶着员工干这干那，而是应该让他们自己主动去工作，去选择工作方法，领导只需要把握好方向和目标即可。

在现代管理制度中，充分调动员工的主观能动性非常重要，所谓主观能动性就是员工自己的想法和方式，管理者和领导应该懂得让员工自己去解决问题，让他们自己去处理工作，而不是像过去一样，什么都要被动接受命令才去做。而充分调动主观能动性，需要解放员工的思想，要让他们意识到自己的能力和潜力，但与此同时也需要领导适当地放权，因为只有领导减少干涉、充分授权，员工才有足够的空间和机会来发挥自己的能力。

很多员工在工作中会出现消极情绪，比如出现逆反心理或者倦怠症，导致工作效率不高，而这通常是因为工作环境不好引起的，如果领导总是采取高压态势，在后面催着员工工作，就容易导致员工工作积极性的下降。比如很多公司喜欢要求员工加班，而且常常是硬性规定他们必须这么做，可并不是所有的加班都能创造收益。当员工对加班产生抵触情绪时，加班就失去了创造额外价值的意义，弄不好还会反过来增加成本和消耗，也会造成上下级关系的紧张和对立。如果领导者能够以增加工资、奖金和升职作为加班的条件，那么可能很多员工会为了利益而申请加班。

同样都是加班，一个是被逼的，一个是主动的，效果自然也会截然不同。作为一个优秀的领导就需要意识到这种区别，减小权力的压迫力度，尽量给予员工更大的机会去发挥自身的主动性。一个优秀的企业不是领导者拿着棍棒给逼出来的，因为权力一旦使用过度，干涉太多，团队就会丧失创造力，一个缺乏创造力的企业自然称不上优秀。

管理学家德鲁克说过："员工是公司最大的财富和宝藏。"在他看来，员工身上具有无限的潜力，他们身上存在各种各样的可能性，这些潜力和可能性很可能会给公司创造出不可估量的价值，而领导要做的就是引导他们将这些可能性激发出来。这种引导的前提就是需要创造一个宽松的工作环境，其次要尊重员工自己独有的思维方式和工作方式。当员工有足够的空间自主发挥的时候，内在的潜力才会慢慢释放出来。

位于美国加州的华特迪士尼动画公司是全世界最负盛名的动画创作公司，整个团队的创作水准是世界上最顶尖的，像《仙履奇缘》《狮子王》《白雪公主》《小鹿斑比》《美女与野兽》等经典的动漫作品都是在这里诞生。而这里之所以会产生如此多的作品，很大一部分原因就是这里拥有非常宽松的创作环境，在这儿，领导并不会对创作者有过多的干涉，通常在制定大致的任务后，就开始充分放权。

"充分释放你们的想象力，然后去完成它吧！"这句话几乎成为了领导的口头禅，这也让创作者可以不受拘束地狩猎各种题材，能够释放各种天马行空的想象力。在这样充满自由的环境下，创作者自然能够激发出最大的潜力。而反观国内的很多动漫公司，由于管理者提出了各种规则和限制，而且对每一个创作环节都严格把关，或者强制性地要求队员怎样去设计、怎样去编排，逼迫着他们按照领导的主观意志行事。由于权力的影响力往往会贯穿创作的每一个阶段，这显然限制住了创作者的思维和才华，作者创作出来的很多作品都因为拥有一些规则的影子而失去了活力。

对于管理者来说，适当地控制和约束员工的行为并没有错，但是权力不能影响让员工发挥创造力，有时候只要不偏离方向，不脱离目标，那么就不要过多干涉员工到底应该怎么做。而且领导需要明白，由于长期接触工作，员工往往比其他人更加知道该如何有效地完成工作。

三、大事抓紧，小事放权

在三国时期，丞相诸葛亮堪称是蜀国的栋梁，正是因为他治理有方，才帮助刘备在乱世中建立了自己的政权，成为了三分天下中一股重要的力量。诸葛亮的才华无须赘述，不过他也有一个致命的缺点，就是事必躬亲，无论大小事务都要亲自插手和过问，尤其是在刘备白帝城托孤之后，他实际上成为了整个蜀国的代理人。这种超额的工作量为他的健康埋下了隐患，同时也对整个蜀国的长远发展埋下了隐患，因为他的存在，很多有理想、有抱负、有才华的人无法完全施展才华，他自己可能也意识到了这一点，但是却无能为力。

而到了晚年，诸葛亮又犯了一个错误，那就是让马谡守街亭，街亭能否守住几乎关乎北伐行动的成败，在这么大的事情上，诸葛亮没有亲自坐镇却选择了只会纸上谈兵的马谡，结果骄傲自大的马谡没能守住这个重要的战略点。诸葛亮一生谨慎，大事小事都不放过，可是却在最关键的时刻，没能把大事牢牢抓紧。综合这两个方面来说，有人怀疑诸葛亮的管理能力是有些道理的。

从管理者的角度来看，诸葛亮犯了大忌，而今天也有很多企业家和管理者犯着同样的错误。比如有的企业家喜欢个人英雄主义，喜欢独裁，喜欢掌控一切，所以大到召开会议、制定目标和方向、人事任免、寻求客户这类关乎生存和发展的大事，小到机器维修、卫生打扫这样的琐事，他们都想要亲力亲为进行管理。结果自己付出的诸多努力常常没有办法换回太多的回报。

如何更加有效地行使自己的权力，或者说如何让自己的权力发挥出更大的效率，这是每个管理者和领导应该考虑的问题。做得多从来就不意味着做得好，也不意味着能做好。而且对于管理者和领导来说，权力在手并不意味着什么事都要管、什么事都要做。再优秀的领导，也需要有人替他们分担工作和压力的，这种分担就是权力的释放，而这种放权应该遵循的基本原则就是：大事要抓紧，小事需放权。对于管理者来说，想要确保工作效率，那么权力的应用应该在刀刃上，至于那些小事，可以适当放权，让别人来完成。

从唯物主义哲学的角度来说，就是要抓住主要矛盾，因为最终起决定作用的还是主要矛盾，这是影响全局的关键，把握住了它，自然也就稳住了全局。而从现实的角度来说，领导者和管理者的精力有限、时间有限，不可能事事过问，为了确保工作效率，他们只能做一些最重要的事情。即便是那些最独裁的人，也不可能将权力覆盖到工作的方方面面，不可能让所有的工作都掌控在自己手中，事事都要做、都要管的话，很可能会出乱子，到最后什么事也做不好。

对领导来说，做小事的时间成本太大，因为当领导不得不腾出大量的时间和精力做这些无关紧要的事情时，就相应地会减少他在大事上的专注度和投入，这样一来就会导致一些大项目、大问题上容易出错，可以说是捡了芝麻丢了西瓜。

此外，再出色的领导也不可能是全才，不可能所有的事都会做，不可能什么事都能够做好，即便能做好，也不一定比那些专业人才做得更加出色。既然如此，为什么不将一些无关紧要的小事让那些更擅长的人去完成呢？领导就应该像船长一样，船长的职责应该是把握航向，坐镇指挥台，至于烧炉子、打扫卫生、供应伙食这些小事，应该让二把手、三把手去安排。

希拉里在担任美国国务卿期间，其他党派的人认为希拉里的团队在一些小事情上经常犯错，他们觉得希拉里不适合当国务卿。希拉里承认自己在工作中有一些不足，但同时又反唇相讥："管理者的任务不是为了做事，而是为了做大事。"这里的做大事实际上指的就是做一些主要工作，做一些对整个团队以及团队发展产生大影响的事情。这种管理方法和办事方法无论是对领导、下属还是整个团队来说，都是有益的，虽然在小事情上，受权者可能会有一些地方做得不到位，但是就整个工作体系和团队权力结构而言，没有丝毫的问题。

有人戏言现代企业制度的发展过程中，最出色的一个产物就是秘书，秘书的出现在一定程度上解放了领导。比如秘书通常会将所有的工作进行分类，将一些重要的事情先挑选出来，不那么重要的事延后，或者说直接安排到下一级去处理，有时候，秘书也有一定的权力来处理一些小事。有了秘书的帮忙，领导的工作往往会变得更加合理有序，而且还会变得更加有效率。

不过，无论有没有秘书，领导都应该找到更多的分担者，权力、工作任务、压力都需要进行分担，这是一种提升效率的有效方法，也是团队合作的必然趋势和必然要求，毕竟企业始终是一个团队，想要让团队运转顺畅，就需要每一个人都参与进来，所以适当释放一些权力，让别人帮忙做一些小事，这样既不会影响到领导的控制权，也能够确保每一项工作都能够有序进行。

很多大公司常常会因为组织机构众多、员工过多而难以管理，像富士康就是一个典型的例子，作为全球最著名的代工工厂，很多电子科技公司的产品都是从富士康生产加工的。富士康员工人数众多，生产线也很多，如何有效管理就成为了一个大问题，总裁郭台铭肯定没有足够的精力来应付所有的工作，即便是那些部门的主管也不可能做好每一件事，因此分权管理成为了必然。

比如说生产，一般的部门经理的职责是按照订单来制定具体的工作任务和工作计划，至于如何去做、如何确保质量和工作量则是诸如副经理这个阶层的管理者要做的事，而类似于具体的工作要求，每天的工作量，是否需要加班等则是一些更低层次的主管人员要做的，至于现场监督和指导工作可以由组长之类的小领导来安排，或者说员工自己可以相互监督。每一层的管理者或员工都有自己的任务，而这种任务的层级也会随着职位的下降而下降，这样就确保了管理能够到位，而且提升了效率。

在一个团队中，所有的参与者都应该具有相应的职责和权力，这些职责和权力也是和自己的职位相对应的，职位越高，他的权力越大，工作也就越重要；职位低一点，那么权力也会小一些，工作相对也不那么重要。领导者要做的就是确保这种权责的对应，做到领导做大事，下层人员做小事的合理分配，从而确保整个团队健康有序地发展。

四、不要干预员工分内之事

在很多时候，领导者的责任、义务以及权力范围的划分都是非常模糊的。领导到底应该做什么、应该怎么做、领导者参与的那些工作究竟存在多大的范围，对于这些，绝大多数的管理者可能没有认真分析和思考过。虽然现代企业制度和现代管理制度对于管理人员的工作性质和职责范围有了明确的规定，但是在实际操作的过程中，并非总是按规则办事，尤其是一些管理体系不完善的小团队中，领导的权力可能大于制度和规则，因此超越规章制度办事的情况也就屡见不鲜。

而对于员工来说，老板或者管理人员所带来的最常见的压力就是被干预工作，员工在本职工作中原本占据绝对的主动地位，可是一些领导滥用权力，将员工应该管理的事情纳入自己的权利范围之内，这样就造成了管理上的错位。在很多场合，一些管理者会对员工的工作指手画脚，看起来这是一种对团队负责的态度，可实际上这种负责有一种装腔作势的嫌疑，至少从技术层面来说，管理者的说教或者指挥并没有太大的用处，毕竟多数管理者不是专业领域的专业人才，因此，他们的想法和观点可能和实际的工作情况相脱节。在这一点上，员工们对自己的工作显然要更有发言权。

此外，从整个团队上来说，领导在基层工作中横插一脚的做法只会打乱员工原本的工作节奏，打击员工工作的积极性。

有个企业家年轻时曾经在东北一家钢铁厂上班，并担任生产部的经理，因为以前读过大学，学习过相关的生产管理知识，所以受到了公司的重用。有一次，他去车间里视察工作，看到很多工人正在往氧气顶吹转炉炼钢设备里用喷枪吹氧气，他觉得员工们吹氧气的时间过长了，量也似乎过多了，于是就当面提出了这个问题。

当时有些职工面面相觑，不知道该不该将喷枪抽出来，而有个老员工走了过来，对他说："我们做这个工作已经有七八年了，炼钢时吹入多少氧气，我们心知肚明，是不会有错的，你还是不要多管了。"其实虽然是生产部门的经理，可是他只有管理方面的理论知识，在生产方面却不那么在行，自然完全比不上老员工们。但对方的话还是深深刺痛了他，毕竟当着那么多人的面，他觉得受到了羞辱。

回到办公室之后，他非常生气，于是准备第二天开除这个不听话的员工。当天晚上他回家后同家里人说起了这件事，结果父亲反对他这么做，并且认为老员工的话没有错，因为一个管理者应该要做的是管理工作，而在具体的生产工作上，是没有资格也不应该过多干涉员工的。年轻的经理听完之后，觉得有道理，于是打消了开除员工的想法。

很显然，领导干预员工分内工作的行为，是一种"权力至上"的落后想法在作祟，他们认为权力掌控一切，而且一切被他们掌管的东西都是自己的，既然员工归自己管理，那么员工所从事的工作应该归自己管。这种想法和逻辑是完全错误的，也是和科学的管理制度相违背的。

对于整个团队来说，每个人的工作重心不一样，工作的任务点也不一样，因此一定要做到权责明确，每个人要做好自己分内之事。员工有自己擅长做的事情，有自己必须做的工作，这一点是谁也不能替代和干涉的，领导也有自己的工作要做，他必须为自己的工作负责。当所有人各司其职，在本职工作上完成任务，那么整个团队的运行就会处于一个健康顺畅的状态。

做自己分内的事，这是一个合理健康的体系得以存在的基础，也是确保团队不出乱子的前提。如果员工做了领导该做的事就是越俎代庖，而领导干预员工的分内工作，也是一种权力的侵犯，而且这种侵犯往往不合理，毕竟在本职工作上，员工通常具有更加专业的技能和更丰富的经验，领导如果处理不当就可能演变成为瞎指挥。

在破产企业和被兼并企业当中，有很大一部分都是因为管理者的素质不行，他们更看重权力的发挥，更看重个人形象的维持，所以权力会成为自我包装的最佳工具，而这种包装通常会导致权力的滥用，领导会做一些自己职权范围以外的事情，这成为企业停滞不前的导火线。道理非常简单，当你干涉别人的工作时，别人就没有办法认真做好本职工作了，而整个企业通常是环环相扣、互相牵制的，一个环节出错就可能导致整个团队的运行出现问题。当员工的工作受到影响后，最直接的就是影响企业的产值，减少利润和财富，而这些堪称企业生存和发展的生命线。

无论在什么时候，领导者的权力必须得到约束，需要控制在合理的范围之内。而且领导也需要尊重员工的权力和职责，他们也有自己要做的工作，也有自己要负责的东西，他们是本职工作真正的主人，应该享有更多的支配权，而且这是他们培养主人翁意识的一个基本前提。如果一个员工失去了对工作最基本的控制权和管理权，那么领导又拿什么来要求他们必须对整个团队尽职尽责呢？所以无论从团队的合作，还是团队的长远发展来说，领导应该给予员工更多的尊重和信任，不能轻易夺权和干涉。

五、不要总是让员工自作主张

2009 年，国内一家公司派谈判小组去澳大利亚洽谈业务，当时公司划定的红线是出资绝对不能超过 8000 万美元，而谈判小组的任务就是将价格尽量压低，最好能够控制在 7000 万美元到 7600 万美元。

谈判小组到达澳大利亚后，先参观了公司各部门，然后又通过多种渠道对这家合作公司进行了解，掌握了大量的信息，谈判小组甚至有把握在 7000 万美元左右就可以拿下这笔业务。谈判开始后，双方互相试探，希望能够知道对方的底线，澳大利亚那一方的要价始终定格在 7800 万美元左右，谈判陷入僵局。

谈判组的组长曾经在澳大利亚留学，也在那儿工作过，知道澳大利亚人的谈判技巧和策略，他建议小组成员不要心急，应该耐心地谈判，这样就有机会为自己赢得更大的利益。当双方进行第三轮谈判的时候，澳方做出了让步，主动将价格降到 7500 万美元。这样的价格已经符合公司最初的预判，不过组长希望还有可以压价的机会，而且他甚至觉得澳大利亚人还会接着降价，所以他选择不动声色。

可就在这个时候，谈判小组中的一个成员，看到谈判价格下降了，于是忍不住说："贵方的价格是我们能够接受的，所以我们会考虑一下。"

这个表态毫无疑问已经将自己的谈判底线泄露给了对方，这样对以后的谈判肯定会有影响。

结果在之后的谈判中，澳方果然不愿意再降价了，小组只能接受7500万美元的报价。虽然这个结果在自己可接受的范围之内，不过对于原本想要控制在7000万美元左右的谈判价格来说，这样的价钱实际上已经让公司损失了500万美元。

回到公司后，这个多嘴的成员立即被开除，而小组组长因为没有严格看管好下属，控制力不足，也被公司处以降职降薪的惩罚。

在工作中，类似的事情并不少，而造成这一切的根源就是放权问题。在现代管理制度中，权力应该得到稀释和分享，这对团队的发展很有帮助，但同时管理人员也应该明白，放权并不意味着彻底放弃控制权，权力的稀释并不意味着彻底地流失，管理者还是应该保持最基本的控制力和约束力。员工可以拥有更多的自主权和其他行事的权力，但是这种权力不是绝对的，它应该受到上级的限制和监督。可以说，管理者在释放更多的权力后，员工仍旧不能自作主张，尤其是在一些大事上，员工没有做出决定的权力，也不应该得到那样的权力。

领导不能够随心所欲地使用权力，所以有必要放权，但权力的下放也需要得到监督和控制，员工也不能随意使用权力。在一个团队体系中，授权与监督应该是并行并存的，授权的目的是分工和效率，监督则是为了确保稳定性和安全性，确保整个团队不会失控，不会犯一些方向性的错误。

从这些角度来考虑，管理者应该将权力做到收放有度，不要收得太紧，也不能放得太多。而对于员工来说，在多数时候扮演的是执行者的角色，最主要的工作还是执行上级颁布的命令，这种工作性质就决定了员工的权力都是一些小权力，而且还应当得到合理的削弱和控制。也许员工得权是民主的象征，不过太过民主并非是一件好事，因为对于整个团队来说，真正有决策力的人只有管理者，一旦员工掌控了大量的权力而自己做主、自己做决策，那么对团队计划的推行非常不利。

在一个企业中，这种让员工自作主张的行为往往更加致命，很多时候可能会毁掉企业原本良好的发展势头。

在现代，无论是企业、政府部门，还是其他团体，都一直在强调下属的执行力，而执行力的前提就是上级的权力比较大，他们必须有足够的控制力和约束力来要求员工必须按照他们的意愿行事，必须将计划和命令顺利完成。如果整个团队中的权力出现失衡，员工得到了决策权、否决权或者是其他足以影响到上级命令顺利实施的权力，那么整个公司的运作就会出现停滞甚至是倒退。

这也是为什么很多管理人虽然愿意让更多的员工参与到工作当中去，甚至是一些决策性的工作当中。但是员工们的权力非常有限，他们可以畅所欲言，提供一些个人的意见和建议，但最终的决策权仍然是领导在把控。而在一些工作当中，管理人员允许员工有自己的主张，允许他们按照自己的意愿行事，这是人性化管理的要求，但这并非意味着管理者总是会纵容员工为所欲为、自作主张。

员工的想法有时候的确很重要，管理者应该给予他们表达这种想法的机会，应该给他们自由发挥的权力，但一切都应该适可而止。美国金融大鳄索罗斯曾经说过："民主永远是上层人士的权力游戏，有时候他们愿意给你一点甜头，但你注定了永远都只是一个游戏的边缘人物。"索罗斯的话实实在在指出了权力的本质，因此对于管理者来说，更多时候，要做的是让员工们去执行，而不是让他们去做主。

六、授权要看准对象

在管理制度中，"授权"是一个非常常见的词汇，无论是政治团体、军事队伍还是经济管理团队中，授权行为都是组织运作的关键。不过权力的释放和给予，并不意味着所有人都可以获得权力，不意味着所有人都可以获得掌控的机会。对于管理者来说，放权和授权应该得到合理控制，这个控制不仅仅体现在释放权力的量，同时也体现在受权人，简单来说就是管理人员该向谁进行授权、何人应该有资格得到授权。

法国思想家伏尔泰说："尽管我们主张民主，但从效率上来看，权力应该掌控在少数精英人士的手中，这样它才有机会充分发挥作用。"所以授权的对象不应该过于分散和泛化，首先，权力在相对集中的时候才能够真正发挥作用。如果稀释得太厉害，人人都有权力，那么权力的存在也就失去了意义，毕竟权力的基本作用还是为了约束和控制他人，权力太少，太稀释，那么这个约束力就会失效。

其次，受权人的资格应该是授权者真正关心和重视的问题，授权的对象应该得到合理的规范，毕竟有些人缺乏管理才能，有些人会滥用职权，有些人、有些部门根本没有必要获得授权。这些都应该在管理人员的考虑范围之内，如果将权力交给一个不适合的人，那么授权可能会产生负作用。一方面如果受权人无所作为，那么授权行为就会导致权力的流失和浪费；另一方面受权人一旦滥用权力，就会破坏团队的平衡和原有的工作节奏。

通用公司的前总裁杰克·韦尔奇认为："领导的授权应该是有目的有针对性的，授权的对象应该经过严格的审核与考察，他们必须能够承担起权力自身所带来的义务。"放权有时候算得上是真正意义上的冒险，而管理者或领导应该有足够的信心相信自己将权力交给某些人要比交给其他人更加安全、更加有效率。

管理者不要特意为了放权而授权，授权应该有更为明确的对象和目的，授权对象能做什么、适合做什么、能够替领导分担多少、能够创造什么样的价值，这是最关键的，毕竟有价值的人才值得信赖，才具有获得权力的资格。此外，领导要弄清楚受权人和其他潜在的对手相比，受权人具有什么样的特点和优势，如果他缺乏特色，而且轻易就能找到很好的替代者，那么就只能证明这个受权人并不是最合适的人选。

通常来说，领导授权的对象是自己的得力干将，因为这种人最了解领导的想法，也能够严格按照要求贯彻执行上级的命令。更重要的是，这种授权更像是一种家庭内部的权力转移和保管行为，并没有导致权力的外流，所以这种授权行为最常见，当然问题也不少，毕竟这种利益群体和权力团体内部最容易滋生腐败，而且对整个团队的公平与民主是严重的破坏。

此外，具有大局观的领导会选择那些有能力的人来帮忙分担工作，这些受权者拥有很强的个人能力和管理才能，他们需要更多的权力和空间来施展自己的才华，需要拥有更多的机会来实现自己的价值。一旦领导愿意放权，他们通常能够很好地完成工作，而且还能够创造更大的价值。

而无论是哪一种人，最关键就是要懂得创造财富和价值，要让领导觉得放权是物有所值的，而一旦领导觉得没有合适的人选，或者都不值得信任，那么最好不要草率行事，还是慢慢审核和挑选新的人才。

张伟欣早年在德国留学，后来在西门子公司上班，闯荡几年之后，他积累了大量的资本和经验，也有了一定的人脉资源，于是决定回国自主创业。2010 年，他回到北京老家，和朋友合伙开办了一家电子产品外贸公司，他自己出任总经理。

一开始，公司的发展势头非常好，业务量不断增加，利润也节节攀升。而随着员工越来越多，管理也渐渐成了问题，毕竟自己平时要处理谈判、营销、联系客户、货物审查等各个方面的事务，根本忙不过来，所以迫切需要找几个帮手。他决定下放权力，授权给某些可靠的人来处理质量管理这一块的业务。

经过一段时间的观察，他觉得公司里的王先生为人很实在，而且跟了自己很多年，办事绝对忠心，也绝对认真负责。于是王先生就成了公司质检部的主管，而对此，当时有人提出过质疑，虽然王先生的工作态度和人品都是一流的，可是王先生这么多年来在工作中始终有一个硬伤，那就是为人性格过于中庸，缺乏魄力和掌控力。不过张伟欣并没有听进去，他认为只要做好产品检查的工作，那么一切就都不是问题。

王先生上任后的几个月，公司外销的产品没有出现太多问题，残次品的概率始终维持在很低的水平，张伟欣感到很欣慰。可是半年之后，突然有一大批货因为质量不过关而被客户退了回来。原来那些检查产品质量的员工渐渐在工作中产生了惰性，认为每天都这样一件件检查太枯燥了，而且公司的产品质量向来不错，因此也就慢慢降低了警惕，开始采取随机抽样检查的方法，而这就直接导致大量残次品混入其中。王先生一开始不同意他们这么做，但为人太老实，缺乏控制力，最终经不住对方的软磨硬泡而选择了睁一只眼闭一只眼。

这次的退货给公司造成了很大的经济损失，也对公司的形象和信誉造成严重的打击，张伟欣很生气，于是撤掉了王先生的职务。

从管理的角度来说，授权应该是一种合理分配的行为，是对权力、资源的重新配置，这种配置是为了优化权力结构，确保利益最大化，如果不能达到这个目的，那么就证明了授权对象存在误差。而任何盲目的授权行为都可能会导致权力的浪费和失效，这对管理者的工作绝对是一种负担。

七、监督不是监视

有个年轻人在一家模具厂上班，工作虽然累了点，但是公司的待遇还不错，而且作为年轻人，他觉得自己应该多吃苦。可是在工厂干了一段时间之后，他发现那些监工的管理人员常常跟在自己身后，就连下班了，也常常在不远处看着。这让他觉得很不舒服，总觉得自己像做错了事情一样，又像是处在监视之下。

有一次，他向同事打听，结果同事的回答让他大跌眼镜，原来公司的老板老是担心有人偷一些工具拿出去卖，所以让人时刻监视员工的一举一动，防止给公司带来损失。听到这件事后，年轻人觉得很生气，认为自己来工厂上班，却连最基本的信任也没有，而且将监督当成监视，显然伤害了员工的尊严，于是他坚决辞掉了这份工作。

这是很多公司在管理中会犯下的错误，管理者过度解读或者误解了监督的含义，认为监督就是监控员工的一切行为，就是不能让员工的工作脱离自己的视线。监督是对现场或某一特定环节、过程进行监察、督促和管理，使其结果能达到预定的目标，它的本质是为了更好地控制工作流程，为了约束一些不符合规定的行为。所以监督不是打小报告，不是告状和监视，它的存在不是为了限制员工的一举一动，而是为了规范员工的行动。

管理者需要合理运用手中的监督权力，应该合理控制监督的范围，不要涉及一些过于隐秘的私人空间，不要过度干涉员工的工作，不要将监督延伸到工作的各个角落。员工应该有自己的想法和空间，并且拥有一定的自主权，这些应该适当排除在监督的范围之外。一些企业常常在办公室或者车间安装摄像头，或者安排管理者专门监督员工的一举一动，这样做虽然能够确保所有的工作都在领导的控制之中，确保所有的工作都按照自己的意志来执行，但是会让员工感觉自己的自由受到限制，从而影响工作效率等。

不仅如此，很多领导还有自己强硬的理由，比如他们这么做是为了防止员工偷懒、防止员工泄密、损害公司财产，甚至是防止员工偷盗东西。而且认为如果员工足够听话，足够自律和清白，那么就没必要感到害怕和不自在。可是过多的监视行为实际上也侵犯了员工的一些隐私，这是对员工人身权利的伤害。

而且当员工身处一个处处受到监视和控制的环境中时，工作的态度和情绪会受到很大影响，比如员工会感到压抑，对工作产生排斥心理和反感，甚至会害怕工作，而这就会影响到工作的积极性和工作效率。在过去几年，职业倦怠症已经成为了一个全球企业的共同话题，而且据估计全球有职业倦怠症的患者高达 80% 以上，只是程度轻重不同罢了，但实际上这样的数据指出了公司在管理过程中可能存在的漏洞和不足。最明显的就是公司没有为员工创造一个相对轻松舒适的工作环境，工作任务的繁重、工作环境的压抑使员工承受了巨大的压力，如果管理不当，则会加重这些症状。

对于员工来说领导者的监视绝对是一种伤害，不仅会促使员工产生更多不稳定的消极的情绪，也常常是引发上下级矛盾的导火索。因此监视行为弊大于利，而更多时候领导还是应该保持相对宽松的管理策略，要尽量给予员工一些自主的空间，将员工看得太紧，反而会限制员工的发挥。

从字面意思来说，监督含有督促的意思，为的是能够提升员工的积极性和自觉性。监督往往具备很大的弹性，不会有什么太多条条框框的限制，比如对于员工来说，只要工作合法合规就行，至于具体的工作方式和细节可以自己决定。在这种相对宽松的制度下，员工的自觉性会慢慢建立起来，他们能够自主约束自己的行为。

此外，"监督"是一个中性词，凸显的是一种责任。监督者需要对企业负责，也需要对员工负责，如果员工遇到一些问题和困难，可以及时通过监督者反映到上级那里，因此监督对员工来说也是一个与上级沟通的有效方式；监视更多的是带有敌意，是一种不信任和针对性的制约措施，通常是指向员工的一些不适当行为。

无论从哪一方面来说，监督与单纯的监视是完全不同的两个概念，管理者不能将两者混为一谈，更不能将监督等同于监视。管理者有义务监督员工，而且将监督当成管理制度中重要的组成部分，而监视则缺乏弹性和善意，对整个团队的和睦气氛和合作关系会造成严重的破坏。

在硅谷的一些科技公司里，有明确的规定：办公室里不得安装摄像头。作为世界科技产业的中心，硅谷中的一些商业机密和技术信息价值连城，但是公司为了保护员工的隐私仍旧撤销了监视器。相比之下，现如今越来越多的公司热衷于安装摄像头，实际上凸显了用工单位与员工之间的某些微妙关系和潜在的矛盾，他们或许将员工当成了不确定性的因素，并且放大了这一缺点，因此觉得必要的监控不可避免。

在坚持以人为本的管理理念的现代企业制度中，监视行为是对管理体制的一种破坏，也是对管理文化的曲解，而从长远来看，虽然员工的行为都受到了监控和约束，但是员工的工作积极性必定会受到影响，他们最终离开公司的可能性反而也会大增。

第六章

激励每个员工都把工作当事业

企业家和管理者都知道，更大程度地让员工发挥出自身的能力，是提升业绩和促进企业发展的关键，因此企业通常会选择一些激励的方法来刺激员工，帮助他们挖掘内在的潜力。不过管理者应当注意，这些激励措施并不是千篇一律的，激励方法和内容都应该做到多样化。因为只有建立起丰富的、多层次的激励体系，才能够满足不同员工的不同需求。

一、增加员工的收入才是王道

　　成功学大师卡耐基曾经说过："想要赢得让别人为自己服务或者工作的机会，那么最重要的就是要弄清楚对方的工作动机是什么。"所谓工作动机，简单来说就是为什么要工作、工作的目的是什么。

　　如果站在管理的角度来说，了解他人的工作动机应该是管理者的必修课，当然，不同的人会存在不同的动机。比如对于员工来说，他们的工作动机，可能是为了实现个人价值，寻找工作乐趣，打发时间，充实生活，或者是为了获得更多的社会尊重，但有一点永远不可忽视，那就是多数员工肯定都是为了钱——用自己的劳动和能力换取相应的报酬。

　　当然，这个世界上有很多员工在找工作时会看重平台，会想一想自己究竟能够发挥到什么样的水平，而公司可能也乐于用实现个人价值之类的话来吸引和激励他们。这类人通常不喜欢谈论工资，或者不那么在乎金钱在工作中的影响力，可事实上他们可能很有钱，他们的物质生活水平比起一般的工作者来说要高出很多倍。因此企业在说服他们加入的时候，金钱因素会变得不那么具有吸引力了，但是如果公司对一个饿着肚子、生活落魄的员工大肆谈论如何帮助他们实现理想和价值，而绝口不提工资，这绝对会伤害员工的积极性，而且想要达到激励员工的目的似乎也不能实现。

在马斯洛需求层次理论中，物质上的需求尽管处于较低层次，但它恰恰就是人们最基本的需求，对于多数人来说，一旦物质生活得不到满足，那么也就无暇去顾及精神需求。这不仅是人最常见的心理反应，也是现实生活的要求。

对于大多数人而言，在绝大多数时候工资对他们的吸引力往往是最强的。比如他们最关心的就是自己的工资问题，每个月到了发工资的时候，他们最看重自己发了多少钱；到了年底，他们看重的是自己能够得到多少奖金。他们对于钱的重视通常会影响到他们对企业、对老板、对工作的看法，这会让他们在选择工作类型和工作环境方面有更多理性的思考，也会对自己的工作状态和工作态度有一些调整。

对于这些，企业家要做的就是防止员工对工作失去信心，防止他们产生失落感和惰性，甚至是离开。企业家必须拿出足够的诚意来激励员工重新去认识自己的工作，重新去定义自己的工作价值。而最简单有效的方式就是给他们更高的工资，就是让他们挣更多的钱，尽可能满足他们对物质的追求。

很多人去华尔街上班，为的不是成为全世界最优秀的投资家，不是为了实现自己的某个高尚的理想，他们最想要的就是钱，"支票可比那些虚无缥缈的未来规划要来得更为实在"，这是多数华尔街员工的心声，虽然庸俗，但是却很实在。而那些大公司自然也知道这一点，他们懂得如何利用金钱的魅力来吸引更多的人才。

不仅仅是华尔街，几乎在所有的公司中，工资永远是吸引员工的关键，企业通常为了留下心仪的员工，吸引看中的人才，就会大幅度增加工资。像世界上最强的那些公司，它们非常看重人才，因此无论是挽留还是挖墙脚，它们都乐于支付更大的代价。有人对数十家世界 500 强企业做过调查和统计，在过去的两三年里，这些企业员工的工资至少提升了 30%~50%，如果还要考虑这些员工的工资基数原本就很大，这个增长率非常可观，有些企业甚至上涨了 200% 以上。从整个行业的发展趋势来看，工资的增长成为了一种趋势，而这种趋势的背后，就是企业家们利用金元政策来吸引人才的策略。而这种策略的实施也是有回报的，高工资实际上促使员工的工作积极性得到了提升，所创造出来的财富也得以不断增长。

可以说，钱是员工工作最大的推动力，哪怕是那些旨在证明自己能力和价值的人，也会觉得金钱上的提升和保障是个人价值的很好证明：一个员工能挣到更多的钱，就证明了他的价值越大，证明了他在团队中越是不可或缺。企业家或者管理者必须承认工资的魅力，如果忽略了这一点，那么就可能会限制住员工的潜力，甚至是直接失去这些优秀的人才。也正是因为如此，增加工资应该是激励员工最直接的方式，而且在绝大多数时候，效果显著。

经济学家何诚说过："在工作中，如果领导希望员工提升 50% 的效率，他们会告诉领导说这很难，可是如果领导愿意增加 50% 的工资，那么他们甚至有可能为公司增加 100% 的财富。"员工的潜力通常是无限的，关键是要看这些潜能能不能被激发出来。汽车销售之王乔·吉拉德是卖车专家，他曾经创造了很多辉煌的卖车纪录，而在提到这些纪录的时候，他认为老板提供的高工资和高提成是激励自己变得更加优秀的重要原因，因为如果卖掉一辆车的提成少得可怜，那么他是没有兴趣去销售汽车的。

所以对于领导来说，想要员工做得更好，想要员工激发出更大的潜力，仅仅依靠口头命令和激励是不够的，关键是要让员工觉得自己这么做是值得的，是可以获得更多回报的，而关于回报，工资无疑最具有吸引力。当员工有机会挣更多的钱时，他们自然会卖力工作。

二、情感激励有时候比金钱激励更有效

在团队中，激励是一个非常有效的提升工作效率的方法，而激励通常可以划分为物质激励和情感激励，物质激励是一种最常见、最直接的激励方式，是很多领导非常喜欢操作的方法。不过在有些时候，有的领导还会加入一些情感激励，尤其是那些情商比较高、心智比较成熟，且愿意走近员工的领导，他们有时候更加擅长情感激励。如果说物质上的激励更多时候体现的是一种物质交易，那么情感激励更像是情感上的交流和引导。

物质激励和情感激励都是非常有效的激励手段，不过物质激励在某些特定阶段，其效果会"打折"。比如说员工在物质条件得到满足后，会有更高的精神追求，希望得到更多的发展机会，希望实现个人的理想，展示更多的个人价值，赢得更多的荣誉，这时候金钱对他们的诱惑力会下降。此外，有些领导可能对员工不够重视，对员工缺乏足够的尊重，纯粹只是将员工当成了挣钱的工具，而不是一个值得信赖的合作伙伴，这时候领导的物质激励可能更像是出于交易的目的，而这种交易很难长时间维持下去。还有就是工作本身可能带来的挫败感，一旦工作失利，员工的情绪会受到影响，这个时候金钱上的激励起不到作用，反而有可

能会伤害员工的自尊心。

正因为如此，管理者不能总是采取物质激励的办法来激励员工，一旦条件不成熟或者时机不对，就应该采取情感激励的方式。人都是有情感的，也都有情感交流的需要，上下级之间也需要交流，需要相互尊重、相互依赖、相互信任，这是确保团队合作的重要因素，所以情感激励很有必要。此外，相对于物质激励的生硬和直接，情感激励无疑更加柔性和委婉，主动性和随机性也更强一些，可操作的空间很大，而且范围也很广。

情感激励通常包括安慰、鼓舞、渲染、宽容，以及情感上的支持。有的员工因为工作失败，整个人的情绪可能会陷入低谷，从而影响到工作状态，这时候领导可以亲自安慰，这样可能会提升员工的精神状态；有的员工在接受工作前会有压力，为了缓解压力，领导会进行鼓舞，降低工作难度，并给予足够的信任，这样会让员工变得更加自信；而领导对于工作性质、工作难度的渲染，也可能会让员工变得斗志昂扬；当员工失败或者犯错后，领导的宽容态度也会成为引导他们继续前进的关键；如果员工在工作中遇到了困难，甚至感到害怕，此时来自领导的精神支持会为他们注入新的活力和动力。

从心理的角度来说，情感激励的效果可能会比物质激励更加有效，它在提升员工的忠诚度、精神状态、上下级沟通交流方面作用更为明显，而且在培养整个团队的良好氛围方面效果更好。当然，领导想要做好情感激励，需要掌握一些正确的方法。

首先，要懂得坚持以人为本，要平等待人，并且懂得尊重和关怀员工。事实上，上下级之间的地位不应该成为身份上的隔阂，不应该成为两者之间沟通的障碍。从情感上来说，如果领导平等地对待员工，经常给予尊重和关怀，那么就能够减少交流的阻力。坚持以人为本是信任的前提，当双方相互信任时，激励也就能够充分发挥出功效。

比如在很多企业中，公司明确规定，管理者每周都要抽出一点时间和员工进行沟通。员工可以采取发邮件、信件的方式和上级领导进行沟通，而且这种沟通不仅仅局限于工作，一些生活上的困惑和难题，员工也可以向领导倾诉。而作为上级领导，不得进行抗拒，每周至少要回三封邮件。这种沟通就是出于关怀的目的，对员工来说无疑是一种非常好的激励。

其次，领导要掌握一些激励的技巧，比如说一些能够打动人心的话，平时要注意赞美员工的优点。而在指出员工的缺点和错误时，也要懂得和颜悦色，要用包容和平和的语气去指正。在平时，交谈时要保持幽默、乐观，不要过多提一些消极的东西，以免影响到员工的心态和工作的积极性。

报业大王默多克经常当着员工的面说一些积极乐观的话，"你们做得很棒""我相信你们""这个问题会得到解决的""下一次我们还能做得更好一些"……这些话总是让员工觉得生活中充满希望，因此他们总是能够在各种困难面前保持自信。

最后，激励必须有针对性，比如激励需要讲事实，也需要确保一个合理的范围，胡吹乱侃只会让员工觉得领导华而不实，说一些空话。而且，为了让激励更有效果，领导就需要对员工的性格、想法、能力有一个大致的了解，这样才能够对症下药，如果对每一个员工都是说同一番话，那么就可能起不到任何作用。

领导掌握了一些情感激励的技巧，那么在日常的管理中就往往能够做到事半功倍，让员工始终处于高效的积极的工作状态之中。当然情感激励不能过度使用，最好和物质激励、制度上的规范等多种管理方式结合起来，这样就能够确保员工的行为始终保持在正确的方向上。

三、每个人的需求都不同，关键在于你能不能搞清楚

张艳曾经是惠普公司一名普通员工，由于工作表现很出色，直接被调到总部，成为人事部门的一个主管。当时很多朋友担心张艳是总部的新人，会不适应那里的工作，而且人事部门是一个大部门，对于一个来自外国的生面孔来说，如何在员工心中树立起威信是一个大问题。

不过张艳在上班的第一天就打消了大家的顾虑，她第一天上班，就给部门内的每一个员工都准备了一份小礼物，每一份礼物都不相同，而当大家打开小礼物时，纷纷惊呼这些礼物就是自己最喜欢的东西。大家都觉得很高兴，也觉得很温暖，认为张艳在置办礼物上费了不少心思，做了很多准备工作，虽然都是一些小玩意，可是却代表了张艳认真对待每位员工的态度，从这一方面来看，她显然是一个有心人。

正是因为如此，张艳很快获得了部门内部员工的认同，大家很快就接纳了这个新领导，并且愿意听从她的管理和指挥。

有研究表明，经常激励员工，员工创造的价值和财富会增加 30% 左右，这就是很多企业家和领导都喜欢激励员工的原因。现如今管理者希望将最正面的东西传给每一个人，希望所有的人都能够感受到他们的热情和真诚，希望自己可以提升员工的工作动力，不过在如何激励员工这

件事上，并不是每一个领导都能够收到成效。多数领导有这样的态度和意识，但是缺乏技巧，而这种技巧性通常在于他们不能准确地意识到员工究竟想要得到什么，不能了解员工内心的真实想法和真实需求。

有时候，领导和管理者将问题看得太简单，觉得激励员工的方法无非就是那么几种，因此实施激励的时候没有进行细分，没有对症下药，而是笼统地、简单地归于一类，最后每一个人得到的激励都是一样的。而事实情况显然不是这样，因为每一个人的需求是不同的，即使他们穿着统一的制服，做着同一类工作，身处同样的环境。

有的员工需要钱，有人想要证明自己，有人为了得到更多的认可和重视，有人将工作当成一个跳板，有的人只是为了找一份稳定的工作。对于这些，领导不能仅仅在主观上做出判断，而应该想办法具体问题具体分析，对员工进行区别对待。

有时候，很多老板会感到郁闷和困惑，为什么自己每年都在给那些心仪的员工增加工资，而且这份工资比其他公司的薪水要高出很多，可是他们最终还是要跳槽。这个问题相对来说有些复杂，但有一点是肯定的，那就是领导在激励员工方面做得不够好，或者说激励的方式出了问题。因为那些员工可能根本就不需要钱，至少是不那么看重钱，高工资对他们来说很重要，但不是最重要的，他们最想要得到的不是钱。

这就是一种失败的激励，虽然领导做出了激励行为，可是却用错了方式，弄错了员工的需求，从而导致自己的激励不能产生太大的效果。从整个团队来说，由于每个人都不一样，那么千篇一律的激励方式肯定会造成某些员工的失望。这种失望是隐性的，但时间一长可能会对员工的工作积极性造成伤害。

如果从情感上来说，领导能够照顾到每个人的需求，能够设身处地地为每一个人着想，做出最恰当的激励，这至少体现了一种以人为本的态度，体现了一种真正的关怀。员工们会感觉自己受到了尊重和理解，而这是打动他们并激发工作潜力的关键。有些领导喜欢开动员大会，希望激励每一个员工提升工作状态，有些领导则喜欢在私底下进行一对一的交谈，很显然后者的影响力更大，效果也更好一些。

所以领导想要做好激励，那么就要有针对性，不能像套公式一样对待所有员工，要尊重个体差异，要尊重每一个人，这应该是每一个管理者和领导要做的事情，是管理任务之一。当然想要做到一对一的准确激励，那么就要主动去了解员工的需求，要善于观察他们的言行，善于沟通和交流，尽量掌握详尽准确的信息。

现在有很多公司流行内部调研，公司经常会对员工做一些调查问卷，这些调查问卷不仅仅是为了收集员工对公司运营情况的看法、意见和建议，同时也在于了解员工，了解员工的工作需求和生活需求。有一些公司会专门设置相关的项目，比如在需求栏中标明各种选择，包括高工资、升职、获得的尊重、自我价值实现的平台等。通过调查，公司就能够准确了解每一个员工的真实想法，从而做出相应的激励措施。

如果时间盈余的话，领导还应该和员工进行交谈，这种交流可以是面对面的坦诚沟通，也可以是电子信息上的交流与联系，这种直接的接触和沟通，往往更能够深入挖掘出员工的内心世界，而且激励的效果通常也更加直接、有效。

福特公司的总裁福特是一个另类，平时不喜欢待在办公室里，他觉得办公室只会让一个领导变得更封闭。所以他每天都去车间里转转，并且觉得在车间里才更加踏实，重要的是还可以和员工交流，了解他们最真实的想法。福特喜欢和他们聊各种话题，工作的、政治的、社会生活的，还有哲学和历史。

这种沟通使得福特成为员工中的"百事通"，而他显然也知道该如何激励每一个员工。在那个年代，汽车行业竞争激烈，跳槽率很高，而福特公司不仅业绩好，员工的跳槽率也一直是行业内最低的。

有针对性的管理方式应该成为管理者的借鉴，尤其是那些旨在发挥激励作用的企业家和管理人员，更要懂得做好每一个员工信息收集工作，掌握他们的真实需求，从而真正做到科学合理的激励。

四、放大成绩和缩小错误

有个企业家无意中遇到了成功学大师卡耐基，于是就向他请教企业管理问题，卡耐基礼貌地回答说："我对企业管理并不擅长。"企业家仍不死心，他追问说："那您知道有什么方法可以让员工提升自信心吗？老实说，他们的工作业绩不太好。"卡耐基笑着说："如果是这样的话，那么你应该夸大他们的成绩，而尽量缩小他们所犯下的错误。"

无独有偶，卡耐基的弟子、人际关系学家拿破仑·希尔，也是这一理论的支持者。希尔小时候非常调皮，常常闯祸，可是继母每次都很包容他，将那些过错大事化小。而当希尔做出一点小成绩的时候，继母会大肆表扬，认为他会成为一个了不起的人物。在继母的激励下，希尔越来越自信，并最终成为了成功学、人际关系学方面的大师。他在和福特、伊斯曼、洛克菲勒等企业家接触的时候，讲述了自己的故事，并希望企业家们也能采用继母当年对他使用的方式来激励所有的员工。

在卡耐基和希尔看来，帮助员工建立自信或者激励他们的工作，实际上最简单有效的方法就是多夸奖、少批评。当员工做出一点成绩时，领导要给予充分的肯定，并且尽可能地夸大这些业绩，让员工感受到你的满意度，同时也能够让他们收获更大的成就感和信心。当员工做得不够好，甚至犯下错误时，这些错误可能会影响到他们的情绪和工作状态，这时候，领导可以将错误缩小，以减少员工内心的愧疚、压力以及挫败感。

对于领导来说，理想中员工的工作态度应该是向上的、积极的，当然实际的成败对错会让员工产生各种复杂的情绪，而领导要做的就是从整体上来提升和维持这种偏向积极面的情感趋势。所以好的东西，要说成更好的；那些不好的东西，则要尽量少说，这是一种管理智慧。

从心理学的角度来说，人都希望获得别人的肯定，所以会期待得到更多的赞美，并且害怕有人提出否定意见。对于员工来说也是一样，来自领导的赞美必不可少，同样，他们也担心自己的过失会招来太多的批评，实际上这种趋利避害的想法应该被领导把握和利用。赞美和否定其实都具有激励作用，但赞美和认可的力量往往要比否定一个人更大，所以多一些赞美少一些否定应该是激励的一个基本原则。

在管理层面上，领导者应该掌握这样的原则和方式，毕竟成功者的情结是需要培养的，所以平时记得多说几句，"你做得太棒了，简直不可思议""我能想到你能做好，没想到会做得那么好""你的表现远远超出了我的想象"之类的话，这些比"还行吧""我还比较满意"之类的话更有力量。尤其是员工面临失败和失误的时候，领导不要落井下石，不要仅仅用制度去评价他们工作的好坏，而应该侧重于消除那些负面的东西，尽量做出一些挽救，让员工觉得事情并没有那么糟糕。

领导要诚实，要实事求是，要按照制度行事，但管理是有弹性的，激励也有弹性，有时候刻意模糊好与坏的范畴是必要的。一板一眼，是什么就是什么，虽然不见得是什么坏事，但过于僵化，对管理来说可能会造成一些困扰。领导要懂得变通，要懂得掌握一些社交规则，这是一种情商，更是一种智慧。

从某种层面上来讲，放大成绩可能会产生成绩的放大效应，而缩小错误也会带来一些缩小的好处，这就像是领导和管理者对员工施加了一种期望，他们下一次会争取做到领导所说的那一步：成绩更加出色，失误也不断降低。因为员工也有自知之明，他们能够知道自己究竟做了什么、做错了什么，也知道领导夸大了事实，好让他们更有成就感和尊严。而这会让所有的员工感受到来自领导的尊重和信任，从而提高自己的工作积极性。

心理学家认为赞美和主观能动性的关系是呈指数增长的，也就是说，随着赞美的增加，个人主观能动性也会呈指数增长，会发挥出更大的力量。同理，如果将错误和失败弱化，那么个人的自信心的流失也会大幅降低。当别人认为你做得很棒或者并没有那么糟糕时，个人所产生的工作动力常常比一般的激励强得多。

当然，无论是夸大成绩，还是缩小错误，都需要控制在合理的范围之内，毕竟主观上的想法和看法都要尊重客观事实，领导不能说得太过分，否则就会被人认为是做人没准则、没底线。而且所谓的激励，关键是要让员工感觉到工作中的一切都是倾向正面的，都是有希望的，这才是激励员工的根本要素。

五、你必须学会使用"兴奋剂"

挪威人喜欢吃沙丁鱼，可是沙丁鱼非常难以运输，渔民们每次捕捞的沙丁鱼虽然很多，但是在运往市场的过程中，沙丁鱼大量死亡，而死亡的沙丁鱼味道不那么好，而且价格也要比活鱼低很多。渔民们经过分析，认为沙丁鱼之所以大量死亡，是因为这些小鱼比较安逸，不喜欢游动，结果大量挤在一起很容易在水中缺氧窒息。为此，他们想了一个办法，就是在沙丁鱼中放入几条鲇鱼，因为鲇鱼生性好动，而且喜欢以小鱼为食，这样就能够刺激到沙丁鱼加速游走，从而解决了缺氧窒息的问题。

这就是心理学上著名的鲇鱼效应，而在现代社会中，鲇鱼效应运用最广的就是在企业中，因为很多企业在发展过程中会产生一种惰性，这时候企业内部的员工会慢慢失去原有的积极性，对各种事情也不再那么敏感。这种相对比较麻木的状态对整个企业的发展来说是比较危险的，因为长时间的惰性会削弱竞争力，导致实力不断下降，而且安逸太久，员工会丧失危机意识，这样很容易在竞争中被对手击垮。

因此，对于管理者来说，如何调动员工的积极性、如何激发他们的竞争意识和危机意识至关重要。这时候最直接的方式就是在团队中引入一条"鲇鱼"，这条鲇鱼的存在实际上就是为了"威胁"所有员工，好让他们产生不安，并认真工作。因此这条鲇鱼必须强壮有力，必须具有足够的竞争优势，他的出现和存在会威胁到所有的同事，包括工资、奖金、升职以及发展机会各个方面。而这样才会造成一种反差，才会真正激发出员工的生存欲望和竞争欲望。

上海一家外贸公司，每年都会从大公司里招收一两名能力出众的员工，公司的负责人认为这样做的目的是让公司里的老员工感受到切实的生存压力，让他们努力提升自己，而不是倚老卖老安于现状，一旦业绩不突出，那么就会被新人所取代，而且还有可能被淘汰出局。

在招收新人之前，公司的销售金额基本上每年维持在 1.5 亿元左右，可是自从采取这种新颖的内部竞争机制之后，公司呈现了井喷式的发展，连续两年的销售额都维持在 75% 以上的增长率。

事实上，很多公司都存在比较严重的老员工扎堆的状况，人才更新换代的速率非常慢，虽然老员工更加值得信任，但是在管理上存在一些劣势，而且一家企业如果总是任用老员工的话，就容易产生竞争力整体下降等问题，这并非是说老员工的能力和素质差，而是因为他们在长期的工作中更容易产生惰性心理，毕竟在长期稳定且相对轻松的工作环境中，他们习惯了安逸，这会阻碍他们学习新东西，会阻碍他们不断进步。

在一些发展势头良好的公司，这种惰性和麻痹性也会出现，多数员工可能并没有意识到自己需要什么，也没有意识到自己可能会失去什么。在很多时候，员工的价值开发很多都是被动的，他们自己缺乏必要的动力来打破常规，而是需要外在环境来进行刺激，以此来激发自己做出改变的要求。

对此，领导一定要引起足够的重视，并及时为整个团队注入新的活力。尽管多数老员工可能并不乐意见到强势的新人来抢他们的饭碗，对他们形成威胁，但与此同时，他们会想办法提高自己的水平，以此来重新建立自己原有的工作优势。

从团队意识上来说，领导需要让员工感到稳定，需要帮助他们建立起足够的归属感，但是这种稳定并不意味着让员工放弃提升自我的努力。优秀的领导应该时刻让他的员工处于危机意识中，这样才能不断促使他们自我提升，才能从根本上解决员工努力工作的动力问题。

也许多数人都不愿意现有的平衡被打破，员工们害怕自己的优势会被削弱，领导们害怕会引起动乱，但是不破不立，这是一个非常简单的道理。招入一个强劲的竞争对手来打破原先那种低层次的平衡，只是为了在竞争中建立更高层次的平衡，这对所有人都有利。优胜劣汰是发展的必然结果，也是需要遵循的发展规律，竞争者的引入会帮助公司淘汰更多的劣质员工，也会提升更多的低层次员工，从而在公司内部有效建立更为高效、更具竞争力的生态圈。

现在已经有越来越多的企业采取末位淘汰制的管理方法，那些表现最差、贡献最小的员工将会被无情地淘汰出去，而新人将会顶替进来，这样就可以确保人才更新换代系统的完整。末位淘汰制就像是一剂强心剂，企业中的每个人必须像踩着轮子的小白鼠一样加速前进，努力提升自己的能力，以免成为下一个淘汰者，这种强大的危机感和动力会让整个团队进入高速运转的状态，会让整个团队始终保持在较高的水准上。

实际上最具活力的企业往往是那些人才更新换代频率最高的企业，因为新人不仅能够带来一种危机感，提升员工的活力，而且不断有新人补充进来，就能不断带来更好的创意，带来更多新鲜的理念，以及更强大的竞争力。

撒切尔夫人当年在进行国家改革时说道："要么你将变得更好，要么可能一无所有。"这句话更加适合用来激励员工，对整个企业团队来说，同样需要变化，要么通过竞争来让所有人变得更好，要么就坚持原样，让所有人慢慢走向毁灭。从企业发展的角度来说，引入竞争对所有员工都很有必要，因为这样才能激发团队的活力。

六、信任是成本最低的管理方式

在管理制度还不完善的时候，管理就意味着监督，意味着控制，意味着命令，意味着制度化，这种管理在很长一段时间内发挥了巨大的功效，不过随着企业对员工发挥主观能动性的重视，纯粹的制度化管理显然不合时宜。因为在制度的强制要求下，员工大部分时候都是被迫工作的，他们做多少工作、怎么做、做多好，都是有制度要求的，是命令控制行为。

这样的管理形态下，员工的个人执行力比较好，但是也暴露了一些问题，那就是员工在工作中更容易产生倦怠感和不满等消极情绪，多数员工会认为自己被当成了工作的机器，这时候员工的工作效率会打折。

如果领导能够给予员工更多的空间和自主性，那么他们在工作中会更加游刃有余，也能够更好地发挥个人的价值，当然领导给予员工更多自主空间的前提就是信任，领导必须给员工更多的信任度，这样才能放权，才能让员工按照自主的想法行事。

而从办事效率上来说，信任实际上是成本最低的管理方式，领导没有必要每天跟在后面进行监督，工作量也就相对要少很多。而从最终的结果来看，领导给予员工充分的信任，员工也会更加懂得珍惜自己的发展机会，从而想办法提升自己的工作能力和工作效率，尽可能为公司创造更多的财富。

在整个团队中，信任是交流的基础，是上下级之间能够自由对话、能够相互了解的前提，也可以为领导的管理减少更多的阻碍。信任是一种非常实用的激励方式，在教育孩子的时候，老师们知道相信孩子能够做得更好，那么孩子可能会真的做得非常完美，如果只是单纯地用规定来约束孩子，那样反而会激发孩子的逆反心理。在企业中也是这样，过多的干涉和约束会让员工产生逆反心理，他们甚至可能不再愿意积极工作。

巴特勒姆是 20 世纪 80 年代美国著名的投资商，他曾经开办了一家投资公司。巴特勒姆在投资领域堪称天才，他在投资方面的感觉非常灵敏，手段也非常丰富，在当时是很优秀的投资人，而且在华尔街证券市场收获颇丰。可是他最大的问题在于不会轻易相信任何一个人，他很少让员工做那些看上去有些重要的事，而且经常要进行巡查，以确定对方是真的按照要求顺利完成了工作。每次工作的时候，他总是嘱托又嘱托，交代又交代，事后还要不断审核。

这种不信任且独裁的管理方式，让员工觉得非常压抑，以至于几乎所有的员工都很讨厌他，大家工作的积极性也越来越差。巴特勒姆不得不经常换员工，可是每一次都不尽如人意，因为员工得不到最基本的信任和尊重，最后全都离开公司，而他的公司很快濒临倒闭。正因为自己的事业一直没有起色，巴特勒姆在投资领域渐渐销声匿迹。

实际上巴特勒姆的失败是由信任危机引起的，如果他信任别人，给予别人更多做主的机会，那么他的公司肯定不会那么快被资本市场所淘汰。巴顿将军说："你将自己的士兵送上战场之后，除了相信他们，你什么也做不了。"在企业中也是一样，企业家或者管理人员既然安排员工在特定的岗位上工作，那么就要信任对方，要相信对方会将工作做好，那么他们一定会因此受到激励而努力做出出色的业绩。

管理的方法有很多，它们可能都能够达到约束或者引导的作用，都能够激励员工，但是好的管理方式应该注重效率，应该以最小的代价创造最大的价值。信任员工，给予员工更多的权责，这就是一种低成本的管理，就是一种能够带来更高效率的方式。

而如何信任员工、如何才能将信任具体落实好，是领导需要认真考虑和规划的工作。

首先，信任一个人的表现肯定是让对方做一些自己看重的事情。换句话说，领导可以选择让员工做一些重要的工作，以显示放权的决心，员工则会认为自己受到了重视。

其次，信任员工就要让他们按照自己的意愿去解决问题，领导不得过多干涉。很多领导喜欢临场指挥，让员工按命令行事，这样实际上将员工当成了一个接受指令的机器，只要按照编制好的程序进行就行，这样做对员工的创造性是一种扼杀。

最后，领导平时不要总是去监督员工，不要总是担心员工会犯错、担心团队内部会失控。监督虽然是管理者的职责之一，不过过度监督的话，就会造成员工的反感，让员工变得无所适从，并丧失工作的乐趣。

作为团队工作的参与者，领导和员工之间的目标应该是一致的，所以需要必要的默契，这样才能实现更好的合作，而默契源于信任。只有双方彼此信任，那么整个团队的合作才能更上一层楼，团队的管理和执行才能更加高效。

七、把奖励送给有态度的人

谈及最喜欢的员工，可能多数领导都会选择那些能力出众、做出出色成绩的员工，毕竟从数据上来看，有业绩的员工比没有业绩的员工更具价值，业绩好的员工比业绩较差的员工做出的贡献更大。

因为数据通常是个人能力和价值最直观的体现，所以很多领导喜欢靠数据说话，喜欢靠业绩说话，谁的业绩更好，谁的能力就更强，所给予的奖励也要更多一些。这是"多劳多得"分配体制下的激励行为，相对比较公平合理。不过奖励有时候不一定要看成绩，因为成绩不能说明所有的问题，它体现不了员工的综合素质，也体现不出员工的潜力。有时候工作过程最重要，最能体现问题，也最具参考价值，他们更加在乎员工是如何工作的，而不是仅仅看员工做了什么。

所以仅仅将奖励给予那些有业绩的员工并不合适，领导还应该丰富自己的激励方式，扩大激励的范围，而最佳的激励人选就是那些工作态度良好的员工。

任何人获得的回报都必须和他的价值挂钩，对做出成绩的人进行奖励，是因为他们的成绩已经摆在了那里，是因为他们的价值得到了证明。而对有良好工作态度的人做出奖励则恰恰符合奖励的本质，那就是希望对方创造更大的价值，而有良好工作态度的人通常具备创造更高价值的潜力，他们是整个公司真正的潜力股。

大多数人一直认为工作态度并不属于能力范畴，因此不是员工实力和价值的体现，可事实上，工作态度往往是工作者最重要的一个特质和优点。工作态度好的员工，通常会更加专注、更加积极，他们不会轻易放弃自己的工作半途而废，不会抱怨连连或轻易退缩，更不会将责任推给别人。这样的员工即便暂时没有做出好成绩，但是他们是真正忠于自己的工作，忠于自己的职责，忠于团队的。从长远来看，他们一定会比现在做得更加出色，而且会越来越出色。领导绝对不能忽视这一点，应该对他们的态度进行相应的奖励。

另外，相比而言，工作态度比成绩更具有示范意义，毕竟成绩是一种相对硬性的数据，并不是每个人都有机会做出很好的成绩的。客观来说，在一个公司或者团队中，只有少数骨干人物和精英才具有很高的价值，才能够为团队做出巨大的贡献，而多数成员都是差不多的。而工作态度意味着工作中愿意付出的东西，对整个公司来说，良好的工作态度更容易贴近或者成为一种企业文化，它可以传递给每个人，可以带动每一个人的工作，并引导一种更加积极的工作理念。可以说，良好的工作态度所产生的作用要远远比单纯的成绩比拼更大。

2007年，78岁的清洁工人斯威夫特在美国洛杉矶一家公司正式退休，此前他在这家公司待了45年，一直都兢兢业业地扫地、清洁卫生。退休当天，公司的总裁亲自为他举办了隆重的退休仪式，并且当场奖励了老人40万美元。很多人对总裁给予的巨额奖金感到不理解，一个清洁工实际上并没有为公司创造什么业绩和财富，凭什么一次就能得到如此多的奖励。可是总裁却认为斯威夫特的价值不在于为公司创造了多少财富，而在于他为整个公司做了一个榜样，他让所有员工意识到专注、坚持的意义，所以这笔奖金是老人应得的。

简单来说，公司未必能够做到让每一个员工都创造巨大的财富，但是却可以要求每一个员工都能够端正态度。而想要达到这一目的，最好的办法就是对那些有良好工作态度的人进行奖励，以此激励所有的人，相信多数员工都会因此而改善自己的工作态度，并提升自己的工作效率。从长远发展来说，依据工作态度来激励所有人的方法会产生更大的效果，它的影响面更广，而且对于整个团队来说，可能是一种质的提升。

从这几个方面来说，奖励那些办事认真、工作积极的员工非常有必要。态度决定一切，对于企业来说，工作态度就意味着生产力，而个人的工作态度会带动整个团队的生产力上升到更高的水平，这对整个团队的发展至关重要。

对于奖励对象的选择和争议，不同的人会有不同的看法和理解，而这个问题的本质就是：什么才是优秀的员工？优秀的员工应该具备什么特质？这是领导真正需要思考和理清的。从硬性条件和指标来说，业绩出众应该是不可忽视的因素之一，但它不应该是衡量好员工的唯一标准，也不应该是奖励员工行为的一种固定标准。

现如今，企业都在讲效率，都在追求工作的业绩，但是如果仅仅从工作效率和工作量上来说，那么最应该受到奖励的是机器，尤其是随着机器人在生产工作中的普及，机器人已经越来越多地替代人类的劳动力。但相比于机器人，实际上人具有更大的潜力，具有更多的创造力，而且人与人之间的影响力也更大，这就使得人永远都是生产中不可缺少的要素。从这些方面也可以看出，业绩和效率并不是唯一的品质保证，优秀员工的标准应该是灵活多变的。有的员工创造力一流，有的员工执行力一流，有的员工喜欢冒险，有的员工更加稳重，综合起来，工作态度还是最重要的，因为他们有好的工作态度，所以能够将自己的本职工作做好，而这就是优秀员工必备的特质之一。

好的领导应该看重那些有态度且愿意付出的员工，因为他们才是真正优秀的员工，才真正值得去奖励。

八、你的批评价值万金

很多人都愿意自己的老板和上司有亲和力，不会总是保持着拒人于千里之外的冷姿态，更不会动不动就骂人，都认为这样的领导才是好领导，才能更好地指导和管理员工。但优秀的领导难道一定就是那种和和气气的人吗？一定是那些专挑好话、软话讲的人吗？多数人会有这样的想法和逻辑，主要的原因还是习惯了听好话，习惯了得到赞美，可是这些习惯有时候并不见得对个人的发展有帮助。批评有时候也价值千金，尤其是在个人激励方面。

如果一个领导总是骂员工，通常来说，原因有两个：第一，员工因为工作态度不好或者是工作没做到位而对公司造成了巨大的损失；第二，老板对员工有很高的期望，不希望他犯任何一点低级错误。无论是哪一个原因，都可以看出领导和员工在根本上是不存在个人冲突的，只不过有时候员工的工作不到位，辜负了领导的期望。从这个角度来说，领导的初衷是好的，目的是让员工清醒地意识到自己的错误，并且让其尽可能地改正错误。

而从批评产生的效果上看，领导批评员工实际上是一种施压，而这个压力往往会转化成为员工努力奋斗的动力。尽管多数人都不愿意被人批评，都觉得这是一件很丢脸的事，可正因为批评带有一定的贬低意味，所以它才更容易激发员工的自尊心和上进心。很多人担心批评会导致员工的自尊心受到伤害，自信心也会下降，但是作为一种负激励的手段，批评他人的做法并没有想象中的那样糟糕，多数人都能够承受住批评。

社会学家经过长期的调查，发现人们听到的批评声要多于赞美声。很简单，因为在做对一件事之前，我们大概会有几次、十几次甚至成百上千次的机会去做错它。这就决定了我们面临的指责声要比赞美声多一些，这些批评实际上并没有让人自暴自弃，反而会成为一种动力。反过来说，那些听不得批评或者因为批评而变得更加消沉的人，意志力脆弱，承受能力严重不足，完全无法担当责任。

批评是不可避免的，同时也是不可或缺的。尤其是对于企业来说，领导不能总是当好人，有时候要拿出自己的威严，对一些错误的行为进行批评，因为批评往往能够起到更好的约束作用，能够确保企业的制度规定得到落实。而从激励的角度来说，批评会让员工承受一定的压力和打击，但这种打击也是一种磨砺，是一种强大的精神动力，对于员工今后的成长很有帮助。

柳传志曾经说过联想是一个没有家族的家族企业，他解释说，联想不像很多大企业一样是子承父业式的家族企业。在联想这个大家族中，柳传志非常看重那些跟着自己打天下的元老级员工，柳传志也愿意把权力交给他们，其中最显著的就是杨元庆，在退位的时候，柳传志就将杨元庆指定为接班人。

之所以做出这样的选择是因为柳传志和杨元庆是同一类人，是一个真正能够从大局出发，能够率先为团队利益考虑的人才。当然杨元庆的快速成长和柳传志的教诲离不开，为了培养和激励杨元庆，柳传志没少骂他。

在 1994 年，大批国外企业进入中国市场，这给联想公司带来了很大的压力，为了应对外在的竞争对手，联想不得以成立了一个电脑事业部，柳传志让杨元庆负责。当时的杨元庆血气方刚，能力又强，希望做出一番成绩，因此常常只顾及自己的发展，希望公司投入更多的人力、物力。

这种做法引起了其他部门和一些副总的不满，认为公司的发展应该平衡一些，不能因为发展某一个部门而占用其他部门的资源。他们联名向柳传志施加压力，让他合理控制事业部的发展。柳传志找到杨元庆，向他表明了自己的看法，希望杨元庆不要对其他部门提出过多的要求，不要有一种高人一等的心理，而应该协调自己和其他部门的工作。

当时的杨元庆一心只想做好自己这块业务，觉得公司优先发展事业部可以更快提升事业部的竞争力，这并不是问题。结果两个人意见相左而没有谈拢，杨元庆拒绝做出妥协。这时候柳传志发了大火，冲着杨元庆就是一顿大骂，认为他是一个私心太重且不能顾全大局的人，这样的人显然难以挑起重担。这一次杨元庆被他骂哭了，但同时也被骂醒了，他意识到柳传志的良苦用心以及管理之道。正是从那一天起，杨元庆加深了对团队的理解，提高了自己的大局观和合作意识，而这是柳传志最看重他的原因。

批评具有警醒的作用，它有时候更能引导员工改正错误，更能够体现出领导的良苦用心。当然，这不意味着领导就可以随意批评员工，它往往要讲究策略，也需要掌握一些技巧。

首先，坚持适度原则，批评毕竟还是带有一定的伤害的，弄不好就会伤害对方。比如批评的次数多了，批评的力度大了，都可能会进一步摧毁员工的信心。因此，适当地批评并加以指导才是批评者应该做的，这样才能在激励的同时不会造成太大的伤害。

其次，批评要就事论事，不能针对人。无论员工做错了什么事，领导一定要注意对事不对人，一旦领导针对人进行批评，那么员工会觉得领导是无理取闹，内心自然也会抵触和抗拒这种批评。严重的话，员工会认为自己受到了排挤和轻视，不适合待在公司里。这样一来员工很可能会变得更加消极。

最后，批评也要有道德，批评并不是张口骂人，不能口吐脏话或者说一些带有侮辱和歧视性的话，不能进行人身攻击。人身攻击很可能会让员工觉得自己受到了侮辱，双方的关系可能也会越闹越僵。

对于领导来说，批评是为了解决问题，而不是为了拿员工出气，更不是为了制造新的问题，因此批评应该合理有度、有针对性、有涵养，这样员工更容易接受，也更容易将批评当成激励，而不是打击。

第七章

再好的团队也需要
制度的约束

现在很多企业仍然处于人治的状态，很多管理者认为单纯地依靠个人的魅力和手段就可以带领好团队。可是随着企业的发展，人的管理往往很难起到作用，而且弊端很多，即便是那些优秀的企业也难以避免。这时候就需要建立起科学合理的制度。通过制度来约束人，制定各种各样的工作规则和流程，减轻管理者的压力，从而提升管理的效率。

一、老板打天下，制度定江山

随着社会的发展和进步，制度的应用越来越成熟、越来越规范，各行各业都渐渐有了明确的制度。制度并不是一开始就存在的，而是时代发展的要求，在企业中往往也是一样，比如在一个公司最初发展的阶段，制度往往不完善，因为多数公司只顾着发展，而且基本上采取粗放式的发展模式，对于制度并不那么看重。更多时候都是人在管理，老板的个人魅力和手段是带领团队的关键。

这种老板式的"人治"方法在某种程度上具有很强的激励作用和引导作用。很显然，相对于制度的管理，人的管理更有弹性，往往能够更好地影响员工的情感。但是随着企业发展步入正轨，发展的同时更应该看重稳定，而想要做到稳定，人的管理就不太适合了，毕竟人的管理过于灵活，约束力并不那么确定，因此企业需要做一些硬性规定来约束工作中的各种行为，这就为制度的出现和完善提供了契机。

有人曾经形象地将发展初期的企业称为"帮派企业"或"义气团体"，在那一阶段，员工、管理人员、老板之间的权职并不那么明确，老板经常和员工待在一起，双方在创业初期的热情、感情都是一致的。这种特点决定了老板能够更加有效地聚拢人心，组成一个战斗热情比较高的队伍。不过当企业发展到一定规模后，很多问题会爆发出来，第一个就是老员工，尤其是公司元老的问题，这些老员工通常比较忠心，而且功勋卓著，但是过去的经验、地位以及和老板的私人关系，会成为他们阻碍发展的因素，比如他们不愿意接受新事物，跟不上时代的发展，而且不愿意服从命令，经常自作主张。

第二个问题就是团队的协作性，在创业组队初期，老板的个人魅力很大，在管理上有一定的吸引力，大家都愿意围绕着他工作，不过由于权责不明确，工作容易冲突和错位，团队的分工协作能力不强。虽然员工工作积极，可是效率并不高，到了企业发展相对成熟的时候，分工协作上的弊端会凸显出来，最终阻碍企业的发展。

俗话说"打天下容易，守天下难"，企业也是如此。这些问题的出现和放大就是因为企业发展过程中缺乏制度的约束，因此对企业来说，制度的完善必须提上议程，这是支撑和维持企业平稳发展的重要保障。

在20世纪90年代底到21世纪第一个十年这段时期，中国的很多企业开始寻求先进的管理制度，有的从国外引进制度，有的则在引进制度的同时，按照自己的理解进行摸索。之所以会有大批优秀的公司在这一时期努力走上制度化的道路，原因就在于这批企业基本上都是20世纪八九十年代开始创业的，在经历快速增长和壮大的发展期后，管理的缺失和制度的不完善阻碍了他们进一步开拓市场，影响了团队的稳定，因此他们需要迫切建立起相对比较完善的制度，打造一个健康科学的现代管理体系。像海尔集团、华为公司、阿里巴巴、联想公司实际上都是这样，而它们最后获得的巨大成功，也是因为完善的制度在起作用。

从发展规律上来说，制度的建立是需要条件的。在公司创建初期，由于条件不成熟，建立制度的困难很大，而且建立制度也不是工作的第一要务，毕竟生存下去才是最重要的。而到了相对稳定的时期，条件已经成熟，而且制度的需求开始不断放大，这个时候制度的改革和完善就成为了必然。而制度的确立和完善也具有很大的意义，它可以帮助企业走得更远。

首先，细化了组织机构，明确了分工。这是释放劳动力、提升工作效率的关键。虽然公司初期整个团队的工作在目标上做到了统一，可是在具体的工作上，很多部门可能会在做同一件事，这样容易造成资源浪费，而且办事效率不高。而组织机构的细分，使得权力、职位、责任得到了更合理的分配，这样可以促进分工协作，提升企业的生产力。

其次，规范员工行为，赏罚有据可依。创业初期，老板对员工的约束力比较小，而且在赏罚上通常也比较随性，完全依靠个人的主观意识，这样做很容易因为感情用事而带来一些公平问题，该赏的没有赏，该罚的没有罚，这样会伤害到一部分员工的积极性。此外，没有明确的规范也会导致员工的工作失去控制，导致行为失控。而制度的确立则能够避免这些问题，让整个团队都处于相对公平和稳定的环境中。

最后，强化了内部竞争，老员工倚老卖老是每个公司都头疼的问题，而制度则可以很好地约束他们的行为。同时由于赏罚制度、竞争制度的推行，老员工不再享有特权，他们和新员工一样要为自己的发展机会而努力，这样实际上为企业的发展注入了活力。

实际上，制度的建立明确了公司内部工作的流程，规范了员工的行为，统一了公司团体的目标和方向，因而能够更好地保障企业平稳发展，因此有人将其称作企业发展的"定海神针"。在 IBM 公司，高层们对于制度的建立和完善非常重视，他们认为体制的成熟决定着企业是否能够长远地发展下去，因此每一任 CEO 上台都要尽量强化制度、完善制度，确保不会存在发展的漏洞。

吉姆·柯林斯在他的著作《基业长青》中提到了美国有史以来最伟

大的 CEO，令人大感意外的是在这 10 位 CEO 中，竟然没有比尔·盖茨、杰克·韦尔奇等人。作者认为这 10 位伟大的 CEO 有一个共同的特点，就是他们建立了科学合理的企业机制，以至于整个企业在自己卸任之后仍旧能够长久兴旺下去，可以说这些人致力于构建一种伟大而长久的制度，奠定了企业长盛不衰的基础。而像比尔·盖茨的微软帝国以及杰克·韦尔奇的通用电气公司等，这些企业的个人色彩太浓，脱离了他们，整个企业的发展势头能否得到延续是个大问题。

"化学大王"杜邦曾经说过："制度有时候是决定一个优秀企业和一个普通企业的因素。"想要成就一个优秀的甚至是伟大的企业，那么管理者一定要懂得建立和完善企业制度，让制度为企业的发展保驾护航。

二、人管人累死人，制度管人一身轻

对管理者来说，总是希望自己的想法、命令、计划能够顺利执行，确保员工所有的行动都在可控范围之内，确保所有的工作进程都能够合理规范，不过想要做到这些，单纯地依靠管理者的监督和约束显然不够。首先，一个人能管的范围不大，监管所有的员工，让所有人都在自己的直接控制之下并不现实。其次，人的管理通常缺乏时效性，比如领导下达的命令可能在几天之内会有效，可是一段时间之后，员工可能会忘记这一点。最后，人的管理存在一定的灵活性，对于不同的人和事，往往会出现不同的管理方式，这容易破坏公平，滋生腐败。

鉴于人管人的缺陷太过明显，对于一个企业来说，制度管理的推行势在必行，通过制度可以有效约束员工的行为，让他们明确知道自己应该做什么、怎么做，让他们了解自己身上的责任和义务是什么，这样就能够解放管理者，减少他们身上的压力和工作量。

可以说，制度能够提升员工的工作效率，同时也能提升领导的工作效率，因为制度规范了员工的工作，使其更加合理有序地进行。而对领导来说也是一样，制度使得领导明确了自己要做的工作，明确了自己的权利和义务，从而帮助他们更好地集中精力来完成自己的本职工作。

在现代企业的发展过程当中，出现了两次比较大的改革和进化，第一次是工业革命带来的机器时代，机器的出现提升了生产力和生产效率，从而极大地解放了劳动力。第二次就是现代企业管理制度的建立，它明确了组织机构的分工，这样就让工作得到了合理的配置。

很多企业家都承认，当企业建立起完善的制度后，自己的工作量降低了至少50%，而工作效率也有了大幅度的提升，因为制度帮他们分担了很大一部分管理工作，很多烦琐的小事情不用再过问了，而是专心处理一些大问题。

陈子江曾经在一家私企上班，一开始由于公司全力寻求发展机会，争取在市场上立足，因此扩大生产成了第一要务，在其他方面就容易失调。陈子江当时是某部门的主管，主要任务就是负责指导员工，但他承认那是一段管理非常混乱的时期，像他这样的管理者更多时候承担着保姆的工作，不仅要和员工一起工作，而且什么事情都得管，什么事情都要做。平时不但要指导员工，要做好任务的安排、要监督他们的工作，还要处理各种各样的投诉，要花时间处理各种纠纷和矛盾。

虽然当时的权力范围很大，可是却劳心劳力，还导致办事效率低下，整个部门的产值都是靠大量的人力物力堆积起来的，资源浪费非常严重。后来有人提议引进国外先进的管理制度，老板这时候也下定决心派人出国考察，了解了很多先进的管理制度，然后按照自己的实际情况制定了比较合理的制度。结果到了年底，公司的产值就翻了倍，而管理者身上的担子也轻了很多。

制度在管理上，尤其是对人的管理的确具有一定的优势，它对整个团队都是有效的，而人管人的方式针对性太强，范围有限。重要的是制度上的规范能够真正做到公平平等，能够有效约束所有的人，这是一个非常积极的信号，能减少管理者在私人感情上的负担和压力。

当然，想要让制度产生管理的功效，必须强化制度的执行力，要让整个制度贯穿在企业的工作流程中，并且顺利落实和执行。管理者必须让所有人都明白一点：一旦制度确立起来，就不能够轻易触犯和破坏，可以说赋予制度足够的权威性很有必要，这样它才能发挥出应有的约束力。

有关执行的问题，管理者首先要做到以身作则，做个尊重制度、按照制度办事的好领导，这样就能够产生积极的示范作用。可以说从上而下地落实和执行策略，会让制度更容易被整个团队接受。

在西门子公司中，任何一条规章制度的实施，往往先要在高层进行落实，然后向下逐层执行，这样一来，就能够最大程度地降低在推行过程中的阻力。也正是因为如此，西门子公司所有的员工都知道，公司制定的制度和政策是不可违背的。这种深刻的认知无疑减少了管理者的压力和负担。

其次，要在制度的推行过程中展示应有的权威和控制力。有的公司在落实相关制度的时候总是困难重重，下面的员工会借故拖延，想办法进行阻挠，要么就是根本不按规章制度办事。针对这种情况最好的办法就是在企业内部强制推行，而一旦有人阻挠，就要进行严厉的处罚，以儆效尤。

毕竟制度的确立和完善很多时候会影响和损害某一部分人的利益，因此这些人会想办法进行破坏，公司在面对这种情况的时候，应该以全局利益为重，因此可以想办法进行劝说。如果不能起作用，就直接拿出魄力来进行压制，这么做实际上对于企业的发展和稳定很有帮助，而且也能够在正面赋予制度足够的约束力和强制力。

最后一点也很重要，就是制度的推行应该是全方位的，也就是说在各个部门之间要同步进行，不能搞特殊，不能区别对待，不能搞个人针对。

落实一项政策或制度，一定要确保它的合理性和公平性，要让员工觉得制度是针对所有人的，而不是某一类人或者某一个部门，这样才能说服所有人来遵守，如果有的人或者有的部门不按制度办事，或者不在制度的约束范围之内，那么整个制度也就失去了存在的意义，其他人也会无视制度。

　　总而言之，制度能够分担管理者的管理责任和管理任务，不过，想要确保制度能够顺利落实和执行，一定要赋予制度足够的公平性和强制性。

三、靠合理完善的制度才能带出最好的团队

2002 年，纽约某地举办了全美街舞大赛，在比赛上，来自底特律的一组选手实力超群，他们的队伍中有四个个人比赛的街舞冠军，而其他的选手也是整个美国街舞界数得上号的人物。可是这样一支精英队伍最后却输给了队员实力并不那么出众的一支洛杉矶队伍，让人大感意外。不过评委们却一致认为，无论是节目的编排还是团队的配合度，洛杉矶的这支队伍都略胜一筹，而底特律的队伍虽然个人表演无可挑剔，可是配合衔接上有些问题，而且很多人太过注重个人表演，而影响了团队的发挥。

后来底特律的这支精英队队长承认自己的团员有些自以为是，不服从自己的指挥，整个团队缺乏必要的约束力和向心力，因此看起来更像是由很多不错的街舞选手临时拼凑而成的队伍。

事实证明了，一个最优秀的团队，不一定就是最优秀的人才集结在一起的团队，不一定就是每个人都能独当一面的团队，优秀的团队应该是一个合作最默契、办事最有效率的队伍。而这些默契不仅仅是私人感情中培养起来的，实际上也需要制度来规范，这样才能够将所有人拧成一股合力。

在企业中也是一样，一个企业的制度或者管理体系如果足够出色和完美，那么整个团队的创造力、合作力、竞争力都会是一流的。而那些制度不完善、不合理，甚至漏洞百出的团队，由于缺乏必要的约束和公平而往往变得混乱不堪。

比如一些企业中的赏罚制度不明确，就容易造成一些私人情感上的恶意报复，以及对整个团队公平民主的破坏；部门之间的职责不明确，分工不细致，就会出现工作重复、遗漏等问题，对整个团队的合作也非常不利；一些制度漏洞比较大，就可能被人利用，甚至是故意钻牛角尖，或者寻找空子来谋取私利；一些企业缺乏人才培养的制度，就容易造成人才的断层。

此外，制度也要合理、公平，它应该符合多数人的利益，而不是少数当权者的利益，这样才能够更有说服力，才能够更好地被员工接受并认真执行。如果制度只是少数人谋取利益的工具，或者是少数人满足权力扩张的需要，那么整个团队就会陷入争吵和分裂的状态之中。

有一家上市公司曾经制定了一个规定，那就是但凡加班的人都可以获得高于日常工资的奖励，其中员工得到的是2倍于正常工资的报酬，而管理者加班则是4倍。这个制度一经推行，就引发了员工极大的不满，这样一来，很多管理者会更加热衷于加班，虽然加班名义上是自愿的，但管理人员可能会想方设法寻找借口要求员工加班，因为这样他们也就能够在监督和指导员工加班工作的时候得到不菲的加班费。

当所有的员工都提出抗议的时候，公司的高层不得不重新考虑这个新政策的可行性，但是经过几天的讨论之后，公司还是坚持原先的做法，结果导致员工的罢工和离职，公司的股票也一落千丈，这一股票很快就成为了垃圾股，公司的发展最终陷入了谷底。

对于企业和企业的领导人来说，制度并不一定要多么先进、多么与众不同，关键是要合理、完善，要确保能够真正服务于企业的生产和发展，要能够起到应有的约束和指导作用。如果制度不合理、不科学或者存在很大的漏洞，那么对整个团队来说，也会产生负面影响，团队的工作效率会受到冲击。

这也是为什么很多企业一直以来都在不断完善自己的制度，希望其能够变得更加科学合理，这种不断完善的过程实际上和企业的发展同步，一方面它是企业不断发展的需求，另一方面它是企业获得进步的动力。像国外一些跨国企业，几乎每隔一段时间就要对自己的制度进行补充和改革，一些企业从发展至今，可能大大小小改革了几十次，而每一次都能够让企业变得更加优秀。这种不断发展和完善的模式，实际上成了企业发展的助推器，也是整个团队变得更加优秀的一个有利因素，毕竟合理的制度很可能会使得员工有机会创造出更大的价值和财富。

从企业生态学的理论来看，企业可以分为两种，一种是经济型企业，它们的存在就是单纯为了追求经济利益，这类企业更像是赚钱机器。另一种是生命型企业，这类型的企业更注重可持续发展，注重发展过程中的不断完善，而这种完善主要体现在制度上的改革和创新。相比于经济型企业，生命型企业的发展空间更大，发展更加健康，团队也更加优秀。海尔公司就是一家生命型的企业，创立于1984年的海尔公司一度资不抵债，可是随着张瑞敏的上任，各种企业制度的推行和不断完善，海尔的管理开始变得卓有成效，发展中应用新技术，管理上运用新方法，服务上采用新姿态，最终，张瑞敏将整个团队打造成一个优秀的队伍，海尔也因此成为全球家电行业的巨头。

所以对企业、对实际的管理者来说，建立制度很重要，而建立完善的合理的制度更是关乎企业的长远发展，因为好的制度才能培养好的团队，好的制度应该是优秀团队中不可或缺的要素。

四、好制度必须简明、全面、严谨

现如今，每年都有大批的企业兴起，可是多数企业的寿命并不长久，很多企业只坚持了一两年。由于没有建立科学合理的制度，整个企业的管理和发展常常处于混乱状态，企业内部的各种资源不能得到有效整合，各个组织系统无法配合，这样导致了工作效率受到很大的影响，最终拖垮了企业的发展。

好的制度对于企业的发展至关重要，诺思在《西方世界的兴起》中提到了一个重要的观点，他认为西方经济的发展主要得益于制度的完善和变迁，其中就包括企业自身发展的制度。现在的很多经济学家也一致认为制度是影响企业发展的重要因素，那些优秀企业中，通常都建立起了非常科学、合理、完善的好制度。

不过对于多数企业和企业家而言，制度并不像技术、资金或者人才那样容易得到，而建立好的制度更是很困难，那么什么样的制度才能称得上是好的制度呢？如果综合各种要素来分析的话，好制度还是有一些特点的。

第一，好的制度必须是简明扼要的。很多管理者喜欢将制度复杂化，认为越是复杂的制度就越好，其实管理本身很简单，而且简化制度能够提高效率，而繁冗的制度会增加理解、落实、执行的难度，而且会由于表述不清而造成一些不必要的误解。

有一位经济学家应邀去北京的一家公司进行参观时，为了更好地了解公司的发展情况，于是请求陪同的管理人士简单讲解一下公司的制度，于是很快就有人拿来了一本厚厚的书。这位经济学家翻开一看就傻了眼，原来整本书都是在讲制度，可是翻来覆去也就是在讲几个方面的问题，这位经济学家当场就怀疑公司的员工能否理解并消化掉这些制度规则。

管理者需要明白，制度的制定是为了之后的落实和执行，因此好的制度并不是说得越复杂越好，而是开门见山、简单明了，要尽量做到结构简单、条理清晰、言简意赅，这样每个人都能够更好地理解并记住它们。

第二，好的制度需要全面兼顾。在管理整个企业时，制度应该涉及企业的方方面面，包括企业的生产、销售、售后服务、人事安排、人员培养、赏罚措施、沟通手段等都要顾及到。而制度越全面，企业发展过程中的漏洞就越少，潜在的危险也就越少。管理者需要明白制度的制定不是为了投机取巧，不是一个单项或者单方面的选择，而是要从全方位考虑问题，制度应该是一种大众的全局的概念，它应该尽可能包含企业的每一个方面，尽可能确保企业的稳定，毕竟任何有失偏颇或者不完善的地方都可能会带来威胁和损失。

很多时候，企业会对制度的作用和意义产生误解，因为企业建立制度最直接的原因在于提高组织的协调性和管理的有效性，目的则是获得潜在的利润。正因为如此，很多企业家会将制度直接等同于利润，在制定制度的时候更加倾向于它能否直接创收。因此，企业的制度更多时候只涉及生产和销售方面，结果导致其他方面的落后和失衡，最终企业的发展受到了限制。

企业的发展通常最害怕出现监控的盲区，一些无法控制和管理的地方，很可能会成为企业发展的漏洞和弱势区域，会带来发展的一些弊端。而制度越全面，就越能够充分提升组织的协调性和管理的有效性，就越能够提升潜在的利润空间，确保企业能够始终处于一种相对平衡的状态。

第三，好的制度需要严谨。制度不是口头的表述，不是简单的人管人、人管事，而是一种非常严谨的规则和体系，它具有权威性、强制性，也具有固定性。简单来说，就是企业制度一旦确立起来，任何人不得随意更改。

德国人的制度是最严谨的，就像他们的产品一样，非常规范严谨，不容许有任何空子可钻，不容许有任何问题存在，任何细节都必须被处理得很好。对他们而言，制度上做到无懈可击是必要的。像梅赛德斯奔驰汽车制造公司就是一个明显的例子，在奔驰汽车公司，无论是人员培训、人员考核、生产作业，还是质量检查、汽车销售，奔驰公司都坚持制度的精细化，而且做好每一个细节，确保万无一失。此外，这些制度一旦确立就不能朝令夕改，因此出台之前通常经过长时间的论证，出台后需要被固定下来，绝对不会轻易做出变动。

对于任何一个企业来说，想要建立起比较合理的制度，那么就一定不能忽视以上三个要点，它们是优秀制度最重要的特点。很多企业也认为制度是一种高高在上的东西，其实制度永远都服务于企业的发展，它存在于企业的各个方面，也贴近日常的工作生活，它的存在并没有那么神秘和复杂，管理者应该赋予它更丰富的内涵以及更多的可操作性。

五、制度要量化，具体可行

越来越多的企业家意识到，企业的任务、目标应该具体而明确，应该拥有一个相对清晰的度量，比如工作量的多少、工作时间的长短、工作的范围，以及一些具体的统计数据，这些就是量化。

对于企业来说，任何一项制度都需要经过量化，才能具备可操作性，因此量化成了制度得以执行的一个重要方式。量化的好处是标准明确、客观，受主观因素的影响较小，不同的考评人评价的结果能够一致，容易做到公平公正。在考评标准设定以后，考评人只要将被考评人的实际绩效与标准值相比，就可以判断员工的执行力。

正因为量化有助于增强员工的执行力，对企业家或者管理者来说，进行量化管理是非常有必要的。管理者需要从目标出发，使用科学、量化的手段进行组织体系设计和为具体工作建立标准。简单来说，量化管理就是一种规范，而制度的落实可以按照这些具体的标准来进行。

现如今在很多服务行业，服务态度越来越重要，为此，很多服务行业都要求员工尽可能地保持微笑。可是保持微笑的方式有很多种，那么哪一种才是要求达到的标准呢？哪一种微笑才能真正达到服务于人的功效，员工们又将怎样用微笑来服务顾客呢？有的企业和公司可能从未想过这些问题，只是单纯地规定所有人要保持微笑，这样反而会给员工带来困惑。

在这一方面，希尔顿酒店无疑是做得最出色的，它不仅将微笑纳入制度中，而且还进行了量化，具体的要求是让员工微笑的时候露出八颗牙齿，因为这个时候的微笑是最真诚也最能打动人的。如果牙齿露得太多，就笑过了头，显得不那么文雅；如果少于八颗，那么微笑显得过于拘谨和内敛，缺乏吸引力。希尔顿酒店的"微笑时露出八颗牙齿"的规定实际上让微笑制度的执行有了一个明确的、合理的参考，这样员工就能够顺利地执行。

在绩效考核中，量化最常被使用到，员工的出勤率、产品的次品率、销售员工的销售额、工作的速度和时间，这些都是量化。还有赏罚制度的推行，也需要进行量化，什么样的情况要赏、应该怎么赏，什么样的情况要罚、应该怎么罚，具体的措施是多少，力度有多大，这些都要进行量化，需要有一个明确的规范，这样才能在工作中真正得到落实，才具有可操作性。笼统地说赏罚，只会模糊界限，导致赏罚制度的失效。

制度的量化实际上是以数字为基础的，目的是通过数字来建立一个标准，这样员工在执行的过程中就可以直接参照这个标准，做得好或做得差往往一目了然，这对员工执行力的提升很有帮助。而且量化的标准通常比较客观，操作起来非常简单，很容易迎合公司追求公平、平等的需要。

随着制度在企业发展中所起的作用越来越大，很多公司都主张建立或者引进先进的制度，可是这些制度通常都不适合企业的发展。这并非是因为制度不好，而是因为在建立和引进的过程中，多数企业只注重理念、结构、框架，而没有看重具体的标准。从管理者的角度来说，这是一个让人头疼的问题，他们在管理上可能会陷入各种非议和分歧。比如有些公司规定运用头脑风暴法来议事时，参与者不能太多，那么这个太多究竟是多少人呢？究竟是 30 人还是 50 人？他们可能在建立制度之初也没有想到这一点，而现在则会成为一个麻烦。

对员工来说，影响更大，由于找不到可以参照的具体数字标准，员工们不知道怎样做才能符合要求。最简单的就是工作时间，一般现在都采用 8 小时工作制，可是如果细化这个制度，员工在上午需要工作几个小时，下午又需要工作几个小时，或者说员工是不是上午可以不用上班，而下午和晚上做满 8 个小时？这些细节上的量化不够明确，就会误导员工的行为，导致他们在具体落实和执行的过程当中，常常会产生各种各样的疑惑。而这就是多数制度在中国公司水土不服的原因之一。

无论对于企业领导还是普通的员工，都不要将制度理解成一种理论知识，不要将制度看成一堆文字或者某一些理念，而应该将其转化成为数字标准。在这种数字转化中，量化就是制度的一种有效的解读方式，通过量化标准，就可以简单明了地了解制度说了什么，制度要求管理者和员工做些什么、怎么做、做多少。这种模式化、数据化、标准化的方式有效定位了目标，明确了工作任务，强化了制度的可操作性，对企业的发展来说，可以起到更好的规范作用。

当然，量化并不意味着一成不变，当环境发生变化的时候，很多指标也会随着发生变化，此时应该对环境变化重新做出合理的评估，对原先的量化标准进行修改，以适应新的发展需求。如果千篇一律地采用某一种量化标准，那么就会阻碍企业的发展。

六、做什么、怎么做，流程说了算

在企业中，各个部门和员工到底应该做什么、应该怎么做，并不是领导说了算，不是临时的编制，而是依靠一整套的制度来安排。靠人治的方法很难将企业真正做大做强，运用制度来管理才是合理的选择，而在制度管理中，工作流程的作用是不可忽视的。

流程是指一组将输入转化为输出的相互关联的活动，是一个功能团队正确地完成某一工作的步骤和顺序。以完成工作的步骤、顺序作为核心，结合组织结构、人员素质及其他资源，站在公司的角度来设定流程；它是企业管理原则的很好载体；它提倡以"对自己职责的本分""对上下游的积极信任"的态度来有效运作流程。

流程的建立是企业各职能部门、岗位工作职责的再分配，是各角色接口关系的再明确，也是权力的再分配的过程。它规定了企业人员业务工作要共同遵守的准则，也是团队进行分工配合的关键，领导应该予以重视，并加强流程制度的管理。事实上，企业家对工作流程制度的重视由来已久，我国也有很多企业家很早就接触了流程。

在 20 世纪八九十年代，很多本土企业曾经引进了 SO9000 体系文件、CMMI 体系文件、GMP 体系文件，但这些文件和制度最终都没有得到很好的执行，原因在于企业领导对流程建设工作不重视。在这些企业中，领导们认为接见重要客户、制定战略规划和目标、重大投资决策等工作才是自己的职责所在，而流程建立、制度的优化似乎无关大局，且是流程管理人员的事情，和领导没关系。而当领导不重视的时候，下边的人也会忽视流程的作用，最终导致流程管理的失效。

这种现象在中国企业中非常普遍，管理者和员工的漠视，使得流程和制度的作用大打折扣，而企业的工作效率也受到很大的影响。对于一个优秀的企业来说，必须真正地按照流程来办事，这样才能消除人浮于事、相互推诿、职责不清、执行力不足的问题。

而且管理者应当清楚，在企业的日常工作中，绝大多数的工作都是流程类的，比如业务的分级审批工作、公文签审、业务处理等，所有的工作都必须合理有序地进行。在处理诸多工作时，流程能够保障工作效率。

毕竟流程会将整个工作体系进行分类，划分成若干个小系统，而各个系统之间的联系非常紧密。比如说生产部门、销售部门、人事部门、财务部门，看起来相互独立，但却互相联系，它们会通过各自的接口建立起紧密的联系，从而建立起一个涵盖整个公司的系统。对于一些明确了流程制度的企业来说，工作的环节、步骤、先后顺序都得到了明确，员工的工作任务也被划分得清清楚楚，工作得到了均衡分配，整个团队的配合更加合理科学。

而那些不重视流程的企业，由于缺乏组织上的准备，也没有系统的计划和在关键岗位上培养对象，整个管理团队非常薄弱，业务流程非常模糊，各部门之间相互脱节，某些人往往大事小事一把抓，其他人则可能什么也不做。这样一来就导致工作缺乏平衡，也欠缺效率，严重影响了企业的后续发展。

此外，从约束力和强制力的角度来说，公司的所有工作都需要得到规范，好的企业需要好的管理制度，而工作流程是管理的重要载体。流程制度更像是法律制度一样，具备强制性和约束力，这种强制力实际上可以很好地起到监督和控制的作用。比起人治中过多的人情味，流程管理往往更加公平有效。

比如有些公司的员工在购买设备的时候常常在没有设备请购单的情况下便进行采购，这么做显然不符合要求，尽管管理者可能会再三强调设备请购单的作用，但可能效果并不好。如果按照流程办事，管理者可以规定：仓库在办理设备入库手续时，需要凭借"设备请购单"才能办理，那么这样就会对员工的行为造成约束，因为一旦没有设备请购单，那么员工采购的设备没有办法入库，员工自然不会自作主张去冒险了，而是改为按照流程来办事。

对企业来说，要发挥流程导向的作用，也就是说按照流程来办事，先做什么，后做什么，每个部门应该做什么，应该怎么做，都需要遵从一定的程序，工作的安排需要按照流程来进行，企业应该保证流程的标准化。这个标准化就是要在进行工作分析的基础上对相应的工作设立对应的岗位，并且安排具体的工作者来承担。确保"一个萝卜一个坑"，这样一来，无论何时在某个岗位上只要出现了工作的失误，就能迅速且准确地找到责任人，从而有效地防止相关工作的不同岗位间的互相扯皮、踢皮球的现象。

企业的制度，一方面规定了员工的工作内容；另一方面规定了员工怎样去实现工作内容的工作流程。不过多数时候，制度只是一种规定，虽然对员工的工作行为做了指示和规范，但如果员工在做这些工作的时候没有受一个客观、合理的工作流程所引导，那就会被一种偏私的、任意的工作流程所取代。这样会导致员工的工作过程失去监督，最终滋生腐败。所以管理者要重视流程管理，要制定优良的工作流程，这样就可以有效限制员工的主观随意性、做事的隐蔽性，还能加强相互监督促进，提升工作效率。

现代的管理理念认为，一个优秀的制度应当具有自我监控的动力和手段，而工作流程是这种动力和手段的主要来源。

七、用企业文化凝聚人心

很多企业在经营和发展的过程中，通常都会建立起相应的企业文化，以丰富自己的制度化管理，而那些优秀的公司更是看重企业文化的作用，可以说企业文化已经越来越成为整个企业中不可或缺的一部分。而各个公司之所以会积极打造属于自己的企业文化，就是因为企业文化具有独特的魅力和作用。

一般而言，企业文化被当成管理的根本，因为企业文化实际上体现了企业经营管理的核心主张，它决定了企业的组织行为，代表了企业的价值观、信念、仪式、符号、处事方式等特有的文化现象。从这一方面来说，企业文化是管理的一部分，而且主要是对人的管理。

而它在管理人的过程中，具备强大的凝聚力，因为拥有企业文化的公司通常都能够非常好地凝聚人心，因为企业文化是企业内部所有成员共同遵守并且认可的基本理念和认知。这种共同的理念和认知能够将所有成员的思想、目标、价值观统一起来，确保企业的向心力足够强大。

早在 20 世纪 80 年代，美国哈佛大学教育研究院的教授泰伦斯·迪尔和麦肯锡咨询公司顾问艾伦·肯尼迪就集中对 80 家企业的企业文化进行了详尽的调查，并写成了《企业文化——企业生存的习俗和礼仪》

一书，在书中，他们指出杰出的企业都拥有出色的、强有力的企业文化，而那些企业文化不那么鲜明或者相对较弱的公司，发展情况并不那么理想，重要的原因就在于员工的统一性和凝聚力不够，缺乏一种合作精神。

企业文化提倡以人为本，尊重人的感情，致力于在企业内部营造一种团结友爱、相互信任的和睦气氛，从而强化团体意识，使企业职工之间形成强大的凝聚力和向心力。对于职工而言，共同的价值观念形成了共同的目标和理想，使所有人结成一个命运共同体，把本职工作看成是实现共同目标的重要组成部分，这样就保证了整个企业能够步调一致，形成统一的整体。

企业文化对员工的吸引力有时候要大于物质奖励，事实上，依靠高工资、高福利吸引住的往往不会是那些最顶尖、最优秀的人才，最优秀的人通常有更高层次的需求，这些需求只能依靠优质的企业文化来赋予，所以建立起优质的企业文化，对于留住高精尖的人才很有帮助。

普莱特是美国波音公司的工程师，他在波音公司工作五年后，渐渐喜欢上了这里。曾经有很多公司高薪聘请他，希望他跳槽，尽管有些公司开出的工资比波音公司的多一倍，堪称天价，可是普莱特不为所动，因为他看重的并不完全是高工资，相比而言，工作环境才是他所在乎的东西。而波音公司的团队文化、价值理念都是世界上最顶级的，他感觉自己在这样的公司里上班很舒服。

企业文化的吸引力的确不可忽视，而这种吸引力有时候还体现在团队内部的合作上。在每年评比的"全世界让员工感到最舒服的企业"活动中，名列前茅的几个企业都具有非常优质的企业文化，员工的团队合作意识很强，部门间非常和睦，很少会听到部门间相互攻击、相互争吵的负面新闻，这些公司的团队精神与和睦是世界闻名的。而这些显然都是企业文化凝聚人心的一个表现，凸显了价值理念的统一。

正因为这些凝聚力，企业常常会非常重视如何来打造属于自己的优质企业文化，想要建立独特的企业文化，那么主要应该从两方面入手，首先是强化制度上的管理，这是一条基本原则，任何人都不得触碰和违反。这种硬性的规定实际上能够有效约束和规范员工的行为。很多公司都将企业文化纳入制度体系，因为企业文化作为一种价值理念和文化现象，如果缺少必要的约束力和强制性，员工们常常会实施自己的想法，所以会比较随意，这样就不容易培养他们的道德观、价值观以及团队精神。有了制度做保障，就可以约束员工的行为，使他们知道自己该怎么做、怎么去想，而且对于一些违背团队价值理念的东西要予以惩罚。

其次就是要在紧张有序和规范化的管理机制下，营造一个健康、文明、和谐的工作与生活环境，最重要的就是坚持以人为本，尊重、关怀、信任、激励员工，培养员工的归属感和幸福感。这一点至关重要，毕竟企业中的主体是广大的员工，企业文化应该建立在以员工为主体的基础上，企业应该保障员工的利益。只有更多地尊重和信任员工，更多地激励和关怀员工，员工才更容易将自己的目标和企业目标统一起来，才更加容易建立起主人翁意识，整个队伍的人才能心更齐。反过来说，当一个企业对员工缺乏最基本的尊重，纯粹将员工当成挣钱的工具和受驱使的对象来对待，那么整个企业就无法维持一个相对和谐的环境，员工的积极性也会大打折扣，企业文化的建立也就无从谈起。

企业文化是一个企业发展过程中不可缺少的推力，建立企业文化应该是企业工作的重中之重。当然，无论是硬性规定，还是环境的营造，企业文化的内核都是人本主义，建立的任何企业文化都必须以多数员工的利益为核心，应该迎合多数员工的需求，如果脱离了员工的利益需求，那么企业文化也就失去了应有的效力。

另外，很多公司都觉得企业文化无非就是制定一些理念，然后让它们书面化，变成一大堆的文字，而没有真正在实践中践行它，也没有做好一些宣传工作，导致企业文化最终停留在文字理论阶段。实际上企业文化应该在整个企业中流行开来，渗透到企业的方方面面，这样才能够更好地发挥企业文化应有的功效，才能引导员工共同为企业的发展目标而努力。

第八章

团队什么人都有，
你要"因材施教"

　　由于学历不同、生活环境不同、性格不同、能力不同、思维方式不同，团队中的每个人都具有不同的特征，各种各样的人都会有，他们身上会存在各式各样的缺陷和问题，这样就会给团队的管理带来难度。如果千篇一律地采用某一种方法，效果往往很差。其实最好的方法就是因材施教，有针对性地对待每一个员工，采用不同的方法进行管理，这样才会真正起作用。

一、员工自律性差，你要怎么应对

在企业中，领导最担心的不是员工的能力问题，而是担心员工的自律性太差。员工的自律性差的话，执行力就会变得很差，他们常常会因为各种原因而拒不执行命令，要么就是违背规章制度，做一些企业不能容忍的事情。

这样的员工在很多制度不规范的企业中比较常见，比如当管理者交代员工将办公室打扫一下，可能有些员工在管理者提醒之前就将卫生打扫好了，而一些员工可能会认为这不是自己的职责，因此可能不会执行。而且这样的员工需要管理者在场进行监督才能做好工作，一旦管理者离开，那么这些员工很可能会放纵自己的行为，做一些不合规矩的事情。而在一些著名企业中，无论管理者在不在场，员工们都会按照要求完成工作任务。

之所以会出现这种状况，就是因为很多员工的自律性太差，无法时刻约束自己的行为，最终会做出一些出格的事情。而自律性差的员工，通常缺乏工作积极性，缺乏执行力，办事不那么牢靠，这对企业的发展来说，影响很大。为此，企业一定要重视那些自律性差的员工，并进行管理和引导，帮助他们提升自我控制力。

第一，领导应该以身作则，做好榜样。领导如果经常迟到、早退，如果自己也在上班时间聊天、玩游戏，也在办公室里抽烟喝酒，那么又如何能够让员工严格约束自己的不当行为呢？对于整个公司而言，规章制度的推行应该是自上而下的，领导应该先带头遵守，这样才能更好地带动下层人员效仿。所以想要让员工提升自律性，那么领导的自律性一定要好，这样才有更多的机会去引导员工步入正轨。

第二，要强化制度的约束力和惩罚力度，对于那些不守规矩，经常无视规则的员工，一定要利用制度加强管理，要给予必要的惩罚，通过惩罚来教育和纠正员工的不当行为，并且帮助员工培养自律精神，防止再次犯错。就像很多员工喜欢在上班时间说话一样，如果企业出台专门的制度来治理和惩处这一现象，对他们予以警告处分，并扣掉部分奖金，那么相信员工们一定会警惕并严格约束自己。

第三，要善于鼓励那些自律性强的行为，并给予足够的奖励。对于管理者来说，想要让员工意识到自己的行为是否得体，想要让员工去做好某一件事并不那么简单，尤其是对那些自我约束力低下的员工来说，更是如此。但是如果管理者愿意给出奖励，让员工意识到自己的自律行为能够带来诸多好处，那么他们会愿意做出改变，而时间一长这种改变就会变成一种习惯。很多公司都会对自律性强、执行力好的员工进行奖赏，给予其更多的奖金，这样有助于吸引并引导其他员工做出改变。

第四，要适当安排他们做一些有挑战性的工作。对于很多员工来说，长时间从事某一项工作很可能会产生倦怠心理，对于工作的积极性、主动性和自律性会下降，至少不会像一开始那样专注。为了改变这些情况，管理者应该对员工的工作安排适当做出一些调整，尽量安排一些富有创造力和挑战性的工作，这样就容易重新激活员工的工作状态。美国得州仪器制造公司经常会推出一些难度较大的工作让员工自己选择，这样做就是为了让员工不至于在无聊的日常工作中出现松弛状态，而是要让员工找到初入职场的那种紧迫感和严谨。

第五，要提升个人的思想修养，因为一个人的自制力通常都和个人的思想修养有关，修养不高、意志不坚定的人，自我约束的能力就很低，即便知道自己的行为是错误的，也很容易冲动行事。而那些具有崇高思想、具有远大理想和抱负的人，几乎从来不会因为一些小事而冲动犯错，他们总是能够时刻约束自己的言行举止。所以管理人员一定要加强员工的思想建设，提升个人道德修养，确保他们建立正确的价值观、人生观和世界观。

第六，让员工多学习，提升文化素养。学习是提升个人修养和自制力的关键，一般而言，文化素养高的人能够全面地、正确地看待事情，认识到自我和他人的关系，从而做到自我控制和自我完善。很多企业都发起了"读书日"的活动，要求员工经常看书，这样不仅是为了丰富知识，也是为了提升个人的修养。经过调查研究发现，那些喜欢读书的员工，自律性往往要比其他员工更强，因此读书学习完全可以作为提升员工自制力的一种有效方法。

很多人认为企业为了长远的生存和发展，应该开除那些自律性差的员工，其实没有必要这样做。而且自律性差并不等同于能力不行，有的员工虽然经常不服从命令，做一些不合规则的事情，可是这种人能力很强，这样的人对企业来说往往很难取舍。所以最重要的并不是开除，而是要引导和约束，使他们成为守纪律、讲纪律的好员工。

对于那些自律性差的员工，管理者可以利用以上的几种方法来管理，当然，企业的自律性更多时候是出于自觉，而这种自觉意识并不是一两天就能够形成的，依靠制度和管理者时时刻刻来监督此类员工显然不实际，因此关键还是要让员工在受到约束和引导的过程中养成良好的工作习惯。因此，无论是引导、学习，还是其他的计划，都应该长久地实施下去，这样才能在长期的影响和引导中帮助员工养成习惯，并且树立正确的价值观。

二、自以为是的员工，总是让人头疼

在公司中，常常会存在一些很另类的员工，无论何时，他们都在坚持自己的想法和方法，无论情况如何变化，无论上级管理者的命令和要求是怎样的，他们都无动于衷，依然我行我素。这类自以为是的员工往往让领导感到头疼，觉得难以管理。

一般来说，自以为是的员工通常有很多鲜明的特点，比如以自我为中心，缺乏团队意识，工作中喜欢独来独往；总认为自己的观点和想法是正确的，而别人的想法根本不值一提，因此他们通常都比较自负，很容易因为不听劝告而犯错；自以为是的员工常常会抵触上级的命令，甚至擅自做主，因此执行力很差；他们在工作中常常一条道走到黑，不愿意做出改变，不愿意做出其他的选择；他们喜欢制定一些高远的目标，可是自己最后常常达不到。

而这些特点可能会对整个团队的发展造成严重的影响。首先，最直接的就是破坏团队合作，毕竟企业的生产和运作是一个团队项目，需要团队成员团结在一起共同努力。如果有人过于坚持自我，而置他人的想法和团队的计划于不顾，就会破坏团队成员之间化学反应，导致工作效率受到影响。

其次，自以为是的做法实际上是对上级命令的一种亵渎，是对领导权威的挑战，这种做法会对整个团队带来负面的影响，一旦给别人树立了坏榜样，就可能会对整个制度体系和权力机构造成严重损害。对整个企业来说，权力机构是一个很重要的保障，因此管理者是最忌讳有人挑战自己的权威的。而且一旦管理者对这些挑衅行为过于放纵，那么可能会产生联动效应，权力对于所有员工的束缚力和震慑力会下降，一整套的管理体系也会随之崩塌。

管理学大师约翰·科特说过："一个好的企业应该尽量消除权力的痕迹，可是权力是不可或缺的，它能够让员工安心做好一个执行者。"因此领导者不能轻易丢掉权力赋予的那些力量，要尽量确保对员工具有足够的约束力和控制力。

此外，那些自以为是的员工执行力往往很差，办事缺乏效率。他们总是认为自己的方法是最好的，而这显然会影响企业整个计划的顺利实施。他们对工作任务的延迟和否定会破坏整个团队的运作体系，毕竟企业的所有工作都是环环相扣的，只要一个环节出现了错误，或者出现了延迟的情况，那么整个工作流程的运转就会受到限制。因此对于那些自以为是的员工，领导一定要强制要求他们执行命令，不能过于放纵。

虽然现代企业制度要求员工更加主动积极地参与到团队建设当中来，公司也充分尊重员工的主观能动性，但这并不意味着可以容忍员工过多地否定和干涉命令，可以自作主张。那些自以为是的员工往往是潜在的威胁，所以一定要引起领导的重视，要及时想办法进行正确的处理，以免对企业的发展和团队建设造成严重的损害。

而在应对和处理这一类员工时，一定要把握好尺度，要注意选择恰当的方式来进行处理，不能因为对方有自己的想法，有抗拒命令或者破坏团队的倾向就坚决否定对方，实际上有些自以为是的员工可能也会有一些好的点子，公司不能一概而论，认为他们的想法都是错误的。实际上公司应该懂得尊重员工，事前应该给予员工表达想法的权利，如果对方的想法是错的，那么就要想办法指出来并说服对方按计划行事；如果对方的点子非常好，那么就要坚决采纳。

此外，当领导担心用制度和权力约束这类员工时会产生一些不愿意看见的负面作用，那么还可以采用一些更加温和的方式，比如加强员工的思想教育，培养正确的价值观和团队意识，并且帮助他们更好地融入到团队和整个体系当中去，这样可以有效改变员工的性格和态度，他们或许会更加愿意放低姿态来迎合周边的人和事。

有时候领导还可以采取"将计就计"的策略，一旦员工觉得自己的能力很出色，那么领导不妨顺着他的意思，然后为他分派一个难度很高的任务，通过这些难题来挫伤他的锐气。相信经过一两次失败之后，这类员工的自负心理会得到缓解，能够更加清醒地意识到自己的真实水平。

全球著名战略咨询公司贝恩公司的董事克里斯·祖克，年轻的时候曾经去一家公司任职，由于自己是哈佛大学毕业的高才生，祖克一直都觉得高人一等，觉得身边的那些同事能力水平太低，对一些工作的理解层次不高，他甚至拒绝和那些人一起合作。不仅如此，他也常常对主管和经理的命令说三道四，认为他们的想法太简单，而且漏洞百出。在工作中他经常不按计划办事，而是完全依照自己的想法。

正因为祖克为人太过自负，很多同事都对他的高傲态度颇有微词，大家都有意孤立他，而主管也对他不敬的行为非常恼火，于是大家都联名向上级反映情况，经理知道祖克是有一些能力的，毕竟当初他从几百个应聘者当中脱颖而出，并不能说一无是处。不过祖克的性格的确是个麻烦，而且对整个团队的工作非常不利，为此经理决定找祖克好好谈谈。

经理将祖克叫到办公室后，什么话也没说，而是将一个工作计划书拿给他看，问他有没有可能办到，因为公司里的骨干员工都试过了，根本解决不了问题。祖克也没细看，就打包票说一定会完成任务。

可是一个月之后，计划书中的任务也依然没有完成，祖克很懊恼，他将计划书还了回去，经理没有任何表示，而是让他去做自己的事。在这之后，祖克变得非常低调，再也没有对同事和领导挑三拣四，每次都严格按照规定完成任务。

在公司里，类似于克里斯·祖克的员工很多，他们不一定都是团队的破坏分子，不一定都是坏员工，只要采取正确的方式进行引导，那么就能够更好地管理，而且还能有效发挥出员工身上的价值。

三、如何对待老员工

在企业管理中，难免会遇到一些难管的员工，他们可能地位不高，权力有限，可是由于长期都为整个公司服务，工作时间很长，影响力仍旧很大，因此他们常常会倚老卖老，对公司的一些日常工作进行干涉，而这显然是领导不喜欢看到的事情。

说起那些倚老卖老的员工，通常可以分为三种人，第一种是为企业发展做出重大贡献的实力派老员工、老骨干，这些员工有炫耀的资本，也有炫耀的资历；第二种是"没有功劳，也有苦劳"的跟随者，他们可能没有什么大的作为，但是凭借多年的"忠诚"，依然觉得自己有理由倚老卖老；第三种是外来的经验派，这类员工并不是本土培养的，而是公司从外部聘用而来。他们技术能力出众，经验丰富，觉得无论到哪里都有实力立足，何况是受人聘用、受人之托，因此总觉得自己的价值是值得被人认可的，这样就免不了要摆出一些派头。

对于这些倚老卖老的员工来说，他们要么是有真才实学，要么是人脉宽广，加上工作经验丰富，因此免不了要通过倚老卖老的方式来凸显自己的价值。而对于领导来说，这则是一个难题，因为无论对哪一个公司来说，领导的权威是不可挑战的，而且公司也一直都在竭力追求真正的公平、平等，谁也不能搞特殊。但是从现实的角度来说，无论是从人脉关系、技术经验、忠诚度，还是稳定性上来说，老员工都是值得区别对待的，这样就形成了一个问题：领导需要评估自己的能力，看看自己该如何在尊重老员工的同时防止自己权力上的失控，简单来说就是领导是否能够镇住那些老员工。

一般来说，想要镇住他们并非易事，毕竟草率地给予严厉处罚，甚至是直接开除，难免会造成公众恐慌，而且也使得企业缺乏人情味，这和以人为本的企业文化是完全不符的。为了企业发展的大局着想，领导需要拿出一点魄力和手段来进行协调、控制，需要对老员工的一些不恰当行为做出纠正和引导，尽量减少企业内部的摩擦。

第一，领导应该给予老员工一定的特权，这是对他们的忠诚度和价值做出的回报，当然这种特权应该控制在一些小事上面，比如在一些无关痛痒的问题上，听取他们的意见，或者给予他们一些决定权。而在一些大是大非的大问题上，领导要保证自己的权威不受影响，要确保公司决定的每一个合理计划都能够顺利实施下去。

第二，要懂得顺其自然，既然很多员工喜欢倚老卖老，喜欢对其他人的工作指手画脚，那么公司不妨给予他们指导员工并传授工作经验的机会，比如号召新员工向老员工学习，专门召开一些座谈会，让老员工谈一谈自己的工作经验和工作态度等。这样做既满足了老员工的虚荣心，又有效缓解了日常工作中新老员工的矛盾冲突，还能真正释放出老员工的价值。

很多外国公司为了防止一些劳苦功高的老员工过度干涉公司的工作计划，于是专门成立一些机构，招收临近退休的老员工，给新员工传授工作经验。这些机构实际上更像是养老院，目的是将一些不合时宜的老员工从权力机构中分化出来，让他们参与到更有意义的工作当中去，而不是倚老卖老，给公司制造麻烦和矛盾。

第三，要用制度来规范和约束老员工，通过制度来明确员工的工作行为，要强化制度的权威性和控制力，只要老员工做了有损企业利益的事，一定要按照制度进行处理，绝对不姑息。这样实际上能够有效约束老员工，并慢慢引导他们转变自己的思维，同时也是对其他员工的警示。

在宝洁公司内部，员工都是平等的，一些老员工可能会得到更多的福利，但是在日常工作中并没有享受到更多的优惠，只要犯了错误，一样要受到处罚。对公司而言，他们理所当然地尊重老员工，但公司同样尊重每一个员工，没有人会拥有什么特权。一旦觉得老员工破坏了团队合作，或者不适合出现在团队中，就有可能被调走。

第四，领导有必要和老员工们进行坦诚的交流。领导应当尊重和感谢老员工，但也要明确一点，那就是老员工的目标和企业目标应该是一致的，这种一致性有助于让老员工意识到自己应该以团队利益为先。这种坦诚的交流有助于加深彼此之间的了解，也有助于帮助老员工建立正确的价值观。

约翰·沃尔顿和兄弟姐妹在接过父亲沃尔顿权力棒时，很多老干部和老员工表示不乐意看到一个经验不丰富的人执掌大权。兄妹几个意识到公司可能会发生动荡，非常担心那些元老级的部属不服从自己的命令，导致自己的职权被架空。为了消除双方潜在的矛盾，他们主动挨个找他们谈话，用心对话，他们感谢了每个人对沃尔顿家族的贡献，同时又觉得大家应该团结一致，继续向前，那时他强调了一句话："这不仅仅是我的公司，也是你们的，是所有人的公司。"之后兄妹几个很快就获得大家的认可，最终也顺利上位。

从某些方面来说，能不能合理有效地管理老员工，这恰恰是对领导者领导能力和管理能力的考验。不可否认的是，那些倚老卖老的员工，通常都是矛盾制造的主体，也是矛盾的中心，他们对团队破坏比较明显，对管理者的权力冲击比较大，但这并不意味着这些老员工一定就不适合待在公司里。只要掌握正确的管理方法，那么就能够降低老员工的风险，而且还能够充分发挥出他们身上的优势和价值。

四、谨防那些"间谍"员工

随着日益激烈的竞争，企业的生存压力与日俱增，为了保持自己的优势，很多公司都制定了非常严格的保密措施，将自己的核心技术和一些机密文件完好地封闭起来，不过即便这样，仍然会有很多公司出现技术和机密外泄的事情，这其中最重要的就是"间谍员工"的存在。这些间谍员工通常会潜伏在公司里，然后依靠着信息和技术来赚取利益。

在20世纪90年代，美国最大的几家科技公司相继出现过比较严重的泄密事件，一些先进的技术、绝密的文件和公司最高级的计划都遭到泄露。一开始，这些公司都以为泄密事件是黑客入侵引起的，可实际上真正的元凶是公司的内部员工。

这些事件迫使公司不得不采取更为严格的保密措施，这虽然在一定程度上压制了间谍员工事件的发酵，但是却也让各大公司之间挖墙脚的行为越来越盛，以至于后来一些公司不得不和对手们签订互不挖墙脚的约定。

现在，"间谍"员工虽然没有像20世纪90年代那样兴盛，但是这依然是很多公司的一个心病。毕竟在现如今的竞争环境下，企业的任何一个失误都会被自己的对手抓住，任何一个信息都可能被对手掌握和利用，一旦有人出卖公司，那么潜在的对手很可能会以此来作为突破点对公司的发展施加压力，公司的竞争力会造成严重的打击，甚至会失去一些发展机会和利益。

对于企业来说，需要谨防那些吃里爬外的员工，尽量排除潜在的隐患，当然在处理这类员工时，应该具体问题具体分析，因为不同的员工，其动机不同。

第一类是卧底员工，这类员工通常是其他公司派过来的间谍，他们的任务就是盗取有价值的信息。对于这类员工，公司一旦发现，绝对不能姑息和纵容，应当直接予以开除。像这种真正安插在对手内部的员工，现如今并不多见，但是危害性却是最高的。

第二类是经不起外界的诱惑的员工，这类员工多数唯利是图，只要有利可图，他们就会出卖自己的公司。当然从侧面反映出他们缺乏忠诚度，缺乏职业道德，缺乏团队意识，为了个人利益，常常会弃团队利益于不顾。企业在面对这种情况时，应该小心防备，必要的时候应该予以开除，以便防患于未然。

对于多数"间谍"型员工而言，他们之所以会出卖公司，往往就是因为外在的诱惑很大，有的是物质上的诱惑，有的是许以高位和权力，甚至不乏美人计。相比于相对枯燥的工作，不那么具有吸引力的工资，相对较低的职务，外面的诱惑的确让人动心，这会促使他们做出一些利己的行为。通常来说，这是公司最难以防备的，也是最需要解决的难题。

第三类是缺乏归属感和安全感的员工，这类人本质上并不坏，只是他们在公司里缺乏安全感和归属感，长久以来的工作可能会让他们对未来的生活失去信心，担心自己会被辞职。为了让自己得到更多的保障，他们可能会铤而走险，做出一些违背职业精神的事情。如果企业想要防止这类员工吃里爬外，那么最好的办法就是给予员工更多物质保障和尊重，帮助他们更好地融入团队生活，培养幸福感和归属感。一旦员工认为自己受到了尊重和保障，那么就不会想到去损害企业的利益了。

第四类是出于报复。有些员工曾经受过公司比较严厉的处罚，或者因为自己的某些诉求得不到满足，会对公司产生报复心理，从而做一些有损企业的事情。这样的员工私心太重，而且为人过于偏激，不适合任用，企业在预防他们制造更大的危害之前，就要予以清除。

某国有企业曾发生过收购信息泄露事件，导致国家遭受了重大的损失，而泄露机密的人正是该企业的一个老工程师，他曾经有希望得到升职的机会，可是却最终被其他人夺走，这让他开始怀疑公司内部有领导在暗中动了手脚，目的是排斥自己。正因为如此，他开始想办法进行报复。事后，这家国企迅速报警，并开除了该员工。

还有一类员工本心并不坏，但是不慎被人利用，无意中成为了出卖团队利益的人，这样的员工虽然犯了错，不过他们可能对于竞争企业的动机和手段并不知情，企业在警告和惩罚之余应该给予足够的宽容，要坦诚接纳那些已有悔意的员工，重新接纳对方。

对于以上各种类型的员工，企业不能一律给予指责和惩罚，毕竟有些时候，企业和管理者也必须承担相应的责任，当员工开始抛弃团队利益的时候，必定是员工在某些方面受到了疏忽或者缺乏足够的尊重。因此企业的领导和管理者平时就应该做好一些关怀工作，尽量满足员工正常的利益诉求。

除此以外，还需要做好防备工作，比如企业在招聘的时候，一定要注重员工的职业道德审查工作，对于一些职业道德比较差的员工，一定要事先排除掉。而对于一些重要岗位的职员，公司要和对方签订保密合同，通过法律来严格约束员工的行为，这样可以最大限度地降低风险。

　　此外，企业文化建设也势在必行，企业必须建立起优质的企业文化，培养员工的价值观和道德思想，提高员工的职业素养和忠诚度，这样可以从根本上扼杀住"间谍事件"的发生。

五、有才无德的员工，留还是不留

对于企业来说，都希望自己的员工是完美的，他们必须拥有一流的职业素养，拥有高人一等的专业技能。不过在现实生活中，优质员工往往可遇不可求，有的员工忠诚度很高，职业道德高尚，可是办事能力一般，甚至有所欠缺；而有的员工能力出众，但缺乏道德，平时品行不端，更是缺乏职业素养。对于这类人才，公司往往难以取舍，不知道该看重对方的能力还是对方的品德和素养。

实际上这种抉择反映出企业的发展层次和企业文化的水平，绝大多数企业在发展过程中，常常将业绩放在第一位，因此只要成绩优秀，能力出色，员工就会受到公司的重用，可是从长远的发展来说，这种任用机制存在很大的问题。因为很多能力特别出色的员工很可能存在道德问题，而这样的员工通常都是一个不稳定因子，尤其是那些缺乏职业道德的员工就更是潜在的威胁。比如这类员工虽然能够为公司创造很大的价值，可是这样的员工也会因为私人的利益而破坏团队利益，有时候甚至做出出卖团队的事情。

另外，有才无德的员工容易自视清高，不容易合群，甚至排斥和轻视团队中的其他成员，这样的员工通常会破坏团队的化学反应，导致整个团队的合作机制陷入瘫痪。而对于公司的管理者来说，有才无德的员工很可能会我行我素，不喜欢也不看重上级的指挥和领导，甚至依靠着自己的功绩而挑战上级领导的权威，这样显然会影响公司的管理。

无论是对于公司的管理还是团队合作，有才无德的员工都是一个破坏因子，因此企业在招收这样的人才时，一定要三思而后行。司马光在《资治通鉴》中说："是故才德全尽谓之圣人，才德兼亡谓之愚人，德胜才谓之君子，才胜德谓之小人。"在司马光看来，品德的作用要胜过才华，有才无德的人即便能力再大，也不过是一个自私自利的小人而已。

对于此类人，企业自然应该尽量避而远之，不到万不得已的时候，不要任用至少不能重用这些人。蒙牛老总牛根生说过："有才有德，提拔重用；有德无才，培养使用；有才无德，限制录用；无才无德，坚决不用。"有些管理者本着爱才的心理，常常会冒险任用无德之人，可是这么做很可能会让整个公司承担巨大的风险，两相权衡之下，个人的能力和价值也就显得卑微了。

在淘宝网，有个能力很强业绩也很突出的优秀员工在和客户接触之后，承诺给客户一些回扣。这件事传到了领导的耳朵里，领导立即给他办了离职手续。因为在公司内部，道德品质是最重要的特质，一旦有人抛弃了职业道德，那么就一定要受到严惩。

宝洁公司也曾发生过这样的事情，有个技术骨干和新员工发生了冲突，他居然叫嚣着要找机会"修理"新员工。这些争吵时的气话传到了高层哪里，于是上级立即派人进行调查，结果那个技术骨干很快就被公司开除出去。

在一些优秀企业中，员工的能力和水平的确是企业非常看重的，不过企业同时也看重员工的职业素养，他们希望看到一个思想道德健康的员工。因此职业道德成为了很多公司进行审查和考核的重要内容，如果员工在道德方面表现不佳或者存在很大的问题，那么就无法得到公司的信任，也无法得到更多的发展机会。

在提到员工的才华和品德时，或许企业的领导应该听听这句忠告："比特犬的战斗力、战斗经验无可挑剔，它能够为你扫清一切障碍，可是不要忘了，它也有可能会咬到你。"有才无德的员工就是一把双刃剑，必要时，他能够为企业创造惊人的财富，可是一旦稍有疏忽，企业反而会成为受害者。所以企业究竟是该留住这样的员工，还是干脆放弃，最重要的还是要看管理者的管理方式如何。

客观来说，有才无德的员工虽然有任用的价值，但是为了谨慎起见，企业万万不可重用这些人。就像诸葛亮对于魏延的态度一样，那些职业道德低下的员工在工作中应该受到一定的限制，要让他们尽量远离一些重要的岗位、重要的工作。这样做既可以利用员工的能力，同时也能够降低风险。

除此之外，企业还要加强思想道德建设，给员工灌输正确的价值观和想法，帮助他们提升道德素质。同时应该让这些员工和那些忠诚度一流的员工待在一起，一方面可以使他们时刻处于监视和监督之中，另一方面也可以让他们常年在良好的工作氛围中学习别人，从而在潜移默化中受到影响。

IBM 公司的创始人沃森很早就将儿子放到公司里锻炼，而且儿子确实也表现出了非凡的天赋，可是唯一让沃森不满的就是小沃森经常喜欢去夜店厮混，是非常有名的花花公子，他在工作中表现出来的一些行为也让人无法接受。

沃森最后决定让儿子将所有的制度要求背下来，而且还将他下放到基层，让他和那些最朴实、最专注的员工待在一起，这些员工平时没有时间也没有那样的财力去夜店消费，重要的是他们都是非常忠诚的人。

经过一段时间的相处，小沃森开始收敛心性，工作态度也慢慢发生了改变。几年之后，沃森看到儿子已经成熟了，于是让他回到自己身边，开始接触公司的核心业务。

有才无德的人不仅需要接受监督，还需要接受必要的培训，最重要的一点是，企业还必须严格规范制度，一旦有人触犯规则和制度，就要给予必要的惩处，并且一定要确保足够的公平，不能搞特殊，不能搞区别对待。这样可以对那些有才无德的员工做出警示，使得他们绝对不敢轻易做出过分的举动，还能通过制度的约束，使一些不当行为受到制约和改变。

六、正确引导喜欢出风头的员工

在很多企业中，领导通常会提倡和鼓励那些有能力有想法的员工去积极表现自己，毕竟在竞争越来越激烈的大环境下，保持主动性是赢得更多生存机会的前提。不过很多员工可能会对此产生误解，认为表现自己就是出风头，而这显然曲解了公司的用意，而且还会产生一些负面影响。

事实上，一个人具有高人一等的能力，这原本应该是他生存和竞争的优势，可是过度表现这些能力，就可能使优势转化成为劣势，因为一个喜欢出风头的人，很容易被团队中的其他人妒忌和排挤。而在一个团队中，这些出风头的行为就是引发争端和明争暗斗的导火索。

对于管理者来说，这样的事情绝对不应该容忍，而为了防止整个团队陷入分裂和争执之中，管理者应该事前做好准备，给他们一点提示和警告，尽量让他们保持低调的姿态。

三星公司的李健熙曾经讲过一件事，当年他有一个能力出众的部属，李健熙有意提拔对方当一个部门经理，可是很快他就发现这个员工喜欢出风头，喜欢在人前炫耀自己的能力，而且很多员工都对他这个人表达了不满。李健熙思量再三之后，决定将这个员工下放到部门的基层去工作，为的就是挫一挫对方的锐气。五年之后，看到对方变得低调踏实了许多，李健熙才提拔他为部门经理，并委以重任。

对于一个优秀的企业来说，具备一种低调的特质是企业生存的关键。而在企业内部同样如此，员工应该表现得低调一些，因为低调在某些方面来说，是团队相互合作的黏合剂，它能降低别人的敌意和防备之心。此外，从主观上来说，那些喜欢出风头的人具有很大的缺点。

首先这类员工喜欢邀功，只要有了一点成绩，他们就会将所有的功劳揽过来。可实际上功劳应该是整个团队的，过度邀功就会损伤其他成员的积极性，会破坏团队成员之间应有的信任，彼此之间的合作也会受到影响。

在20世纪80年代，几个美国青年在硅谷开了一家名为"德尔"的科技公司，当时这是公认的很有发展潜力的小公司，很多大公司甚至有意收购这个团队，只不过这些年轻人更想自己创业，所以收购并不成功。可就在公司的前途一片光明的时候，团队内部开始出现了矛盾，有个毕业于哥伦比亚大学的年轻人尼克喜欢出风头，每次都希望别人对他的工作表示赞同。不仅如此，他还擅自将团队的一些专利以自己的名字命名，并且对外宣称这是自己的创意。

虽然一开始大家并没有在意，可是时间一久，矛盾就开始爆发出来，团队的其他成员认为自己被忽视了，认为自己的劳动成果也应该得到尊重。更重要的是，当尼克将荣耀揽在自己一个人身上并且在硅谷名声大噪的时候，激发了其他人的嫉妒心，结果整个团队陷入到内斗之中，仅仅过了一年半，这家本来很好的公司就彻底被摧毁。

邀功是团队合作的大忌，为了抢功劳而置其他人的利益于不顾，或者忽视团队原有的工作计划，最终会给团队带来很大的损失。领导通常都会在企业内部维持一个基本的平衡，这个平衡就是一个工作环境的生态平衡，所有人都在这个平衡系统中受到重视，所以邀功抢功之类的行为是应该禁止的。

　　另外，喜欢出风头的员工通常虚荣心太重，工作中不脚踏实地，只注重表面，这样一来就很容易犯错。换句话说，他们在执行工作任务的过程中很容易因为麻痹大意而出错。所以公司往往都喜欢那些脚踏实地、兢兢业业的员工，他们不一定非要做出什么出色的业绩，但至少能够顺利完成上级交代的工作任务。在这一方面来说，出风头的员工身上具备了太多不可预知的因素，给公司带来的工作成本相对较大。管理学大师德鲁克说过："当一个员工将工作任务仅仅是当成个人表现的机会时，他有一半的可能会将工作搞砸。"因此，领导必须引起足够的重视。

　　正因为出风头会给团队带来很多负面的影响，领导应该及时制止并正确引导员工的工作行为，防止他们犯错。比如，领导可以刻意冷落和忽视那些喜欢出风头的员工，毕竟员工出风头是为了引起领导的注意，是为了确保自己能够赢得更多的好感。如果领导对此表现冷淡，那么可能就会抹杀掉员工的一些积极性，或者使他意识到自己可能做错了。无论如何，这种冷处理的方法都是一种不错的心理战术。

　　除此之外，领导需要强化责任机制，谁想要做这份工作，就需要承担相应的责任，对于那些喜欢出风头的员工来说，潜在的风险和责任会让他们感到犹豫。还有就是故意安排一些难度很高的工作让他们去做，这样一来他们很可能会因为失败而受到打击，从而主动恢复到低姿态。

　　如果情节比较严重，出风头的行为严重影响到了团队的正常工作，那么领导应该坚决辞退对方。

七、目标不明确的员工，老板该如何管理

对每个企业而言，它都拥有自己的目标，不仅如此，企业常常也希望并要求员工建立起自己的目标，这对自己、对公司而言，都是不可或缺的。但实际上有些员工可能根本就没有制定过什么目标，对他们而言，工作一天是一天，或许他们对未来根本没有什么明确的规划。而有的员工恰恰相反，他们可能有各种各样的目标，但目标多了并不见得就是好事，因为对于老板来说，只有合理规划的目标才会得到认同，而这个目标在一定时期内应该只有一个，多数时候他们并不会对员工的"雄心壮志"感到欣慰，他们看重的往往是结果，而不是一大堆单纯的口号和计划。

在动物世界中，很多捕猎者在捕猎之前都会事先观察猎物，然后选择一个明确的目标，等到发动攻击之后，它们就会紧紧盯着猎物不放，哪怕身边的猎物更近，也不会为之分心，因为它们明白如果临时改变目标，到头来只会扑个空。

可以说目标就是工作最好的指引，是确保工作方向，确保工作能够坚持下去的关键，而对于那些目标不明确的员工来说，建立起多个目标只会让自己变得更加混乱，而目标的混乱又会导致他们在工作中常常一事无成。尤其是目标混乱的员工常常会做出一些错误的选择，要么就突

然半途而废。

多数人之所以不能获得成功，并不是因为能力不行，没有好的机会，只不过是因为他们缺乏明确的目标，常常到了最关键的时候就不知所措。这些员工可能时刻都处于一种困惑之中，要么就总是在想"我还能做什么""我应该再做一些什么"，但不得不说，目标过多或者混乱，会严重分散员工的注意力和精力，导致员工不能专注地工作，这样会降低工作效率；其次目标过多或者混乱会让员工的毅力下降，因为一旦遇到困难，他们总是会轻易改变自己的初衷，选择其他的目标，这样一来员工在做任何一件事时，都无法耐住性子坚持到底。此外，目标不明确会让员工对自己的工作产生怀疑，甚至动摇自己的信心，而多重目标的相互干扰也可能会使得员工陷入困惑。

对于目标太多或目标不明确的员工来说，他们的工作状态和工作态度都有很大的问题，可能会影响到正常的工作。对此，领导应该想办法帮助他们解决各种困惑。

首先，要鼓励员工设定目标，当然要懂得引导他们每次只设定一个目标，而且这个目标最好和企业的阶段性目标结合起来。这样一来，员工在工作的时候就有了一定的参照物，知道自己该做多少、该做到什么地步，以及怎样去做。为了激励员工的积极性并且适当地给对方一些压力，领导可以给员工制定一个切实可行的工作目标。

沃尔玛公司就曾经做过类似的事，管理者要求每个员工写下自己最近三个月或者最近一年内的工作目标，然后管理者按照这些目标安排了相应的任务让员工去完成，结果员工定下心来认真工作，并且在规定时间内将任务完成得非常好。

其次，要将员工个人的工作目标和个人绩效联系起来，员工如果没有完成工作目标，就要受到相应的惩罚；而反过来说，如果顺利实现了目标，企业应该给予充分的肯定和奖励。这种奖惩措施的实施能够帮助员工在工作中保持更加专注的心态，能够给予员工更多更大的工作动力，通过一段时间的努力，员工就会建立起相对明确的目标。

除了帮助员工完善并建立自己的目标之外，领导者也应该沉下心来反思企业的结构和计划是否合理。有的企业自身发展目标模糊，不知道最终应该走哪一条道路，不知道公司未来应该呈现哪一种形态，有时候想要做这些，有时候又发展其他业务，甚至在多元化战略中越走越偏，这样就会对员工的工作造成误导。

另外，如果企业结构模糊混乱或者管理不明，各层级、各部门的工作任务就会有重复或者遗漏的情况，这样就会让员工产生疑惑。在很多企业中，由于制度不完善，企业内部的组织结构和管理方式都存在很大的问题，以至于员工常常不知道自己的职责是什么，也不清楚自己该做点什么。

在市场上，类似于无头苍蝇一样的混乱企业非常多，企业本身问题重重，制度漏洞很大，管理混乱，员工的目标也不明确，公司的发展常常陷入困境。针对这些情况，相关的领导一定要着手进行整顿和改革，要准确定位好企业的发展方向和发展目标，要弥补企业自身存在的漏洞，强化和完善管理制度，对一些不明确的计划也要进行改革，以确保目标的统一性。

而从根本来说，无论是员工自身的原因，还是企业本身的原因，明确员工的目标，始终符合公司长远发展的利益，毕竟建立合理科学的目标，员工才会有足够的动力去奋斗、去帮助企业创造更多的价值和财富。

八、责任心不强的员工，老板要怎么办

从发展的角度来说，人是生产力中最活跃的要素，人力资源是企业中最重要的资源，而企业中员工就是人力资源最重要的组成部分。而随着知识经济的到来，人力资源尤其是优秀人才的作用更加凸显出来，可以说，员工的表现直接决定着企业的发展，员工的素质与活力是企业发展的根本动力。

正因为员工的地位和作用非常重要，所以员工更应该承担起自己的职责，为企业的发展做出应有的贡献。不过在现实中，并不是每个员工都有这样的觉悟，很多员工在工作中就缺乏积极性和主动性，责任心也不强，常常随意对待自己的工作，而这通常会影响他们的工作效率，对企业的正常运转也非常不利。

通常责任心不强的员工在工作中会缺乏活力。更多的时候，他们只是将工作当成挣钱的一种方式，容易出现倦怠心理；工作时不注意细节，敷衍了事，容易犯错；仅仅只是为了完成工作，而不是将工作做得更好；除了做完本职工作之外，他们对其他的人和事毫不关心，缺乏团队意识；平时遇到困难，喜欢发牢骚，喜欢四处抱怨，而不是积极地想办法去解决问题；没有长远的规划和目标，得过且过；经常不服从上级的管理和命令，喜欢我行我素，执行力往往很差。

只要领导发现员工出现上述的症状，那么就要引起足够的重视了，毕竟放纵那些缺乏责任心的员工只会损害企业的利益。此外，领导不能将一些重要的工作和一些创造性的工作交给缺乏责任心的员工来做，以免将工作搞砸。当然企业在对待责任心不强的员工时，不能采用一刀切的做法，而是应该及时想办法进行引导和培养，帮助他们建立起责任心，让他们重新回归到正常的工作体系当中来，而类似的方法有很多。

第一，建立优秀的企业文化，通过建立共同的价值观和职业道德观，将员工的目标和企业发展的目标统一起来。优秀的企业文化可以帮助员工更好地理解自己所从事的工作，以及自己对这份工作应该倾注的热情，它能够有效保障员工的工作态度，帮助他们建立起责任感。

在香奈儿公司，管理者平时根本用不着过多地强调工作任务，不需要过多地监督员工的工作，所有的人都只是安安静静地做自己的事，结果每一个面世的产品几乎都无可挑剔。而之所以会这样，就是因为香奈儿公司的企业文化非常优秀，每一个员工都知道企业真正需要什么、企业的内核是什么，他们具备了精益求精、追求与众不同的特质，所以，无论什么时候，员工们都能够认真负责地工作，都会想办法将工作做到最完美。

第二，善于激励员工，比如给予更为丰厚的奖励，提升员工工作的积极性，增强工作中的责任感，尤其是那些工作认真负责的员工，一定要进行奖励。而对于那些表现不好、办事不负责任的员工，要给予一定的惩罚，甚至采用竞争淘汰的方法，让有责任心的人上岗，这样就可以让员工建立起忧患意识，督促他们认真负责地做好本职工作。

新东方教育的创始人俞敏洪曾经在某次演讲中说："每一个被提拔上来的员工都要对自己的工作负责，如果你负不了这个责任，那么我就将你换下去，让其他负得起责任的人来做这件事。"通过给予一定的惩罚，就会产生非常有效的激励效果，从而有效提升员工的主动性和积极性。

第三，企业要制定严格的工作流程，完善健全规章制度。想要确保员工对工作尽职尽责，那么就一定要对企业的业务流程、服务流程和管理流程进行合理设计，明确岗位职责，规定必须完成的任务，这样，员工的工作才会有章可循。员工按照流程工作，对自己的工作负责，这就是培养责任心的前提。

第四，管理者对员工应该给予更多的尊重和关怀。很多时候，管理者会侧重于工作上的事情，而忽略了对员工的关怀，这会让员工觉得自己只是一个雇员，会让他们觉得这个公司是老板的，和自己没有太大的关系，因此很容易变得消极。如果领导和管理者愿意多花一点时间和员工进行交流，多倾听员工的心事，平时给予更多的关怀和帮助，那么会让员工产生一种归属感，而这种归属感会强化他们在工作上的责任感。

第五，老板要善于营造良好的工作氛围，确保各员工都能够愉快地工作。有必要的话，要将那些工作不负责任的人和尽职尽责的员工放在一起工作，这样不仅会达到非常好的监督效果，而且长时间和好员工待在一起，原本缺乏责任心的员工也会耳濡目染受到正面的影响。

以上这些方法都具有比较好的可行性，效果也比较明显。与此同时，老板的心态也很重要，一旦公司里的员工出现了懈怠，出现了工作不认真、不负责的情况，老板应该采取必要的手段来进行挽救，而不是抱怨和诉苦，因为责任心并不是与生俱来的，它是人在工作中慢慢积累起来的一种情感。任何人都不能要求员工一开始就表现得非常完美，员工的成长和成熟需要一个阶段，而作为管理者和引导者，老板需要做的就是帮助员工在工作中慢慢培养这种情感，让他们和自己的工作建立起足够紧密的联系。

第九章

想要沟通，请先推倒领导与员工之间的那堵墙

在许多企业中，都存在沟通方面的问题，因为管理者和员工通常会受到身份、职位、能力的制约，他们之间会产生一些隔阂。再加上企业内部一些机构臃肿、人员复杂的情况，直接导致了上下级沟通次数很少，沟通不畅等问题。而整个企业想要发展，就需要每个人都紧密配合起来，一旦管理者和员工沟通出现问题，就会出现工作脱节的情况，这样就会降低合作的效率，因此对企业来说，有必要拆掉横亘在管理者和员工之间的那堵墙。

一、懂得倾听员工的声音

20世纪50年代，美国一家塑料制造公司聘用了当时有名的"狂人"安吉尔担任总裁。安吉尔曾经在很多公司任职，经验丰富，能力出众，可是他的缺点同样很明显：他不愿意听取别人的意见，尤其是下属的意见，按照他的说法——"整个公司只有我一个人说了算，其他人只要按照要求做就可以了。"结果到了第二年，这个狂人就将这家公司拖入濒临破产的尴尬境地，这并不是因为安吉尔的个人能力有问题，而是因为安吉尔从来都不懂得尊重员工的话语权，无论是开会还是日常的谈话，员工们没有任何机会来说出自己的想法，而这显然激怒了他们，所以最后大家经常罢工，并最终导致公司的运作陷入瘫痪。

"不要剥夺员工的发言权"几乎成为了这家塑料公司最想要说出来的一句话，而安吉尔的落败成了一个经典的反面教材。但是直到今天，仍然有很多企业领导延续着自己的独裁风格，漠视员工的利益和呼声，结果导致沟通和交流受到限制，员工和领导之间的关系并不紧密，甚至出现敌对情绪。

实际上，对于企业而言，它并不是某一个人的企业，也不是某一些人的企业，企业作为一个整体，应该归属于企业中所有人，尤其是广大的员工。作为团队中最重要的参与者，员工有权利表达自己的看法，有权利行使自己的相关权利，而且他们的确能够为企业的发展提供一些好的想法。因为相对于管理者而言，员工虽然无法从大局上进行掌控，不了解整体的发展状况，可是他们却是推进企业发展的直接动力，由于站在最前线，他们对于工作中的一些问题最清楚，对需要改进和完善的地方最有发言权。所以在解决一些细节性的问题时，员工能够提供巨大的帮助。

而从沟通的角度来说，领导和下属、老板和员工之间应该有更多交集，应该彼此了解、相互信任，这对工作命令的发布和最终的执行至关重要。不过为了保持相互之间的交流更加顺畅、有效果，领导需要构建起更为高效的沟通交流机制。而在完善相关制度的时候，领导更应该在主观态度上做出改变，主动接近员工，主动去倾听他们的声音，或者说尽可能地创造条件和机会来保障员工的发言权。而通过倾听，就能够准确知道员工们需要什么，了解他们对于公司的想法和看法。

一般来说，为了倾听员工的心声，领导可以从三个方面入手：

1. 头脑风暴法

不同的人对企业的发展会有不同的看法和见解，所以领导为了确保决策的合理性，应该主动听一听员工们的想法，看看他们是否有什么很好的建议和意见。而头脑风暴法实际上就是集思广益的一个好方法，公司不仅能够尽可能地将所有的员工纳入到整个团队中来，而且还能够从员工那里收集更多有用的点子，从而确保企业的发展更具活力。

2. 做好员工的调查工作

在企业中，领导经常会做一些工作调查报告，了解工作中经常出现的问题，可是有针对性的员工调查报告却很少见，而这是工作当中的一个失误。领导应该更多地做一些员工的调查，比如经常了解员工的工作状态，了解员工工作中遇到的问题，了解他们对工作的一些想法和看法。一般来说，这些调查报告往往能够客观反映出员工的需求和想法，这是领导倾听员工声音的一种有效方式。

工业制造商伊顿公司曾经用 21 种语言对其分布在世界各地的 55000 名员工进行调查，内容包括商业道德、价值观、工作关系、敬业度、管理效率。之所以会如此大费周章地进行调查，不仅体现了公司对员工的重视，而且这些员工的反馈对公司工作的推进很有帮助，这些声音和信息构成了公司商业战略和发展规划中的一部分，也促使公司不断完善和改革，争取做到更好。

3. 经常走访基层，和员工面对面交谈

作为统领全局的人物，领导不应该总是将自己关在办公室里，也需要经常到基层去了解情况，否则很容易导致管理的脱节。在空闲的时候多到基层走一走、看一看，和员工面对面地交流。这样不仅能够真切地感受员工的工作环境、工作状态，还能在对话中了解员工最真实、最基本的需求，了解他们的生活，了解他们的理想。通过交流，可以进一步拉近彼此之间的关系，有助于彼此之间更加信任。

对于领导来说，想要真正了解员工的想法，或者想要通过交流来保

障他们的权益，最重要的还是应该保持低调的姿态，要主动改变"领导决定一切，一切服从领导"的管理方式，要真正做到以人为本，以员工为本，要尊重员工的地位，尊重他们所拥有的权利。如果领导觉得员工的想法无足轻重，觉得员工的利益无须过于重视，那么双方之间就会存在隔阂，并影响整个团队的正常运作。

怡安顾问公司认为倾听和了解员工的想法很重要，如果公司的态度和实际实施的政策之间不匹配，就会影响生产力。而从工作效率的角度来说，当员工的想法得不到尊重，当他们的诉求长期得不到回应和反馈，就可能会造成工作中的压抑和消极表现，这样对公司的发展没有任何好处。因此，尽可能地倾听员工的声音，是企业管理中不可忽视的一部分内容。

二、领导也有犯错的时候，切莫一意孤行

Compass 集团总裁克里斯劳为人一直非常低调谦逊，更为难能可贵的是，他是一个勇于承认错误的好领导。当他做错事的时候，非常乐于听到下属的批评，因此在公司里受到大家的尊重，而这一良好的品质得益于他在西点军校上学的经历。

克里斯劳初入西点时，是一个谦虚礼让的小伙子，很多学员都愿意和他相处。有一次，有个教官谈论起了一些政治事件，虽然教官是一个非常健谈、说话也很有水平的人，可是细心的克里斯劳还是听出了话语中的一些错误。犹豫了一会儿后，克里斯劳非常礼貌地说："长官，我觉得您刚才说错了一句话，您的那个观点我不能认同。"

教官看到有人打断了自己的话，非常不满地说："听着，克里斯劳，你没有任何权利来打断我的谈话，不是吗？"克里斯劳没有害怕和退缩，而是挺直腰板，严肃地回答："是的，长官，可是您的话的确说错了。"教官看他如此坚持，于是就让克里斯劳指出错误，克里斯劳指了出来并进行了纠正。教官点点头，然后走到克里斯劳面前拍了拍他的肩膀说："真是好样的，小伙子。"这件事对克里斯劳的影响很深，使他开始自勉，时刻注意自己的言行，因为他知道并不是所有的员工和下属都有勇气指

出领导的错误，有时候领导需要自己承认这些错误。

事实上领导和普通人一样，不是完人，再出色的领导也会犯错，也会在某些方面出现失误，如果任由这些错误继续下去，只会造成不可挽回的损失。因此及时制止这些错误是非常有必要的。而在纠错的时候，领导可以从两个方面入手，第一是鼓励员工指出上司的错误，第二就是自己主动承认错误，并积极改正过来。

从客观条件来说，领导处在强势地位，这就使得相对弱势的员工对其怀有敬畏之心，不敢轻易得罪上司，所以常常不敢说出让领导不高兴的话，生怕受到惩罚，哪怕明知道上司做得不对，也不敢直言相告。所以在职场上，员工多数都会坚持这样的潜规则：第一，领导永远不会犯错；第二，如果领导犯错了，请参照第一条。当员工有了这样的想法时，就不会轻易指出领导所犯下的错误了，而"旁观者清，当局者迷"，领导常常没有办法意识到自己究竟做错了什么。

在这样的情况下，领导需要赋予员工更大的权力和勇气，要鼓励他们积极纠错。墨子在《亲士说》中说道："君必有弗弗之臣，上必有詻詻之下，分议者延延，而支苟者詻詻，焉可以长生保国。"大致的意思是一个国家的君主必须有敢于直谏的臣子，主上一定要有敢于争辩的臣下，议事的人能够提出不同意见反复争辩，劝诫的人可以据理直言，这样才能使国家长治久安。

领导们应该明白，只有给予别人敢于说话的权利，只有尊重员工的发言权，只有尽可能地培养更多的"弗弗之臣"，才能够有效地避免更多的错误。而且领导需要培养员工的主人翁意识，让他们明白作为团队的成员，他们应该有足够的勇气和权利来监督和批评上级领导的过失。

而除了鼓励他人找出自己的错误之外，更重要的是领导需要用宽容的心态来接受这些指正，需要有足够的勇气来承认错误。有些领导为了维护自己的权威和形象，有时候明知道自己犯了错也不愿意承认，他们一意孤行甚至不允许别人提出异议。这样做虽然保住了面子，可是对企业的发展有害无益，那些错误最终很可能会造成严重的后果。

铱星公司曾经是世界上最出色的通信公司，1987年，铱星公司的高层领导突然想到了一个近似于梦幻的伟大计划：用66颗低轨卫星组成覆盖全球的通信网。即便在现在来说，这个想法依旧很具有挑战性，稍微有点常识的人都知道这个计划的实施需要花费大量的人力、物力、财力，而消费者是否愿意掏一大笔钱来支付那66颗卫星所产生的高昂的成本费呢？

很显然，公司的高层并未意识到这个计划的错误，而是狂热地立即着手实施这个伟大计划。当时有一些工程师就提出了异议，将如此多的低轨卫星送上太空，加上每年的维护费用，这是一个天文数字的开支，公司绝对吃不消。可是领导们没有听进去，他们更加看重这个宏伟计划带来的光环。就这样高层决定一意孤行，一开始就砸入50亿美元的巨资。虽然公司的通信技术领先世界十几年，但是却没有客户愿意支付昂贵的通信费和服务费，铱星公司最终因为高负债而不得不宣布破产。

铱星公司的失败为每个公司都提了醒：凡事要量力而为。可是从根本上来说，这个悲剧是高层的固执和独裁引起的，如果领导们愿意听一听工程师的建议，愿意放下架子和员工们认真讨论计划是否可行，也许错误就能够避免，而铱星公司的发展也不会以这样的方式惨淡收场。

深究原因，很多时候公司决策的失败都是因为领导的一意孤行引起的，他们更加看重个人的形象，更在意自己的身份和地位，以及享有的绝对的控制权，他们担心任何一点失误会损害他们在员工心目中的地位，会减弱个人的魅力和控制力。可事实上，敢于及时承认错误的领导往往才更加受人爱戴和尊重，因为在员工看来，一个能够接受批评的领导，一个敢于低头承认错误的领导往往更具人格魅力，这是真正有责任心的体现，而这种人格魅力往往能够凝聚人心。

所以对于领导来说，不要掩饰错误，不要躲避错误，而应该勇敢地将错误表现出来，应该接受员工的监督和指正。须知承认错误并不会降低领导的权威和形象，反而能够更加丰富领导的个人魅力，能够更好地凝聚人心，赢得员工的尊重。

三、建立有效的沟通机制，确保及时交流

众所周知，团队合作的前提是彼此信任和理解，而信任则需要双方不断地接触和沟通。为了确保沟通的顺利进行，提升沟通的效率，企业中往往要建立起切实可行的沟通机制，才能保证沟通的及时进行。

而对于企业和管理者来说，建立有效的沟通机制需要做好一些基本的工作：

首先，最直接的就是要提升沟通的技能，确保交流的有效性。很多领导不善于沟通，缺乏沟通的技巧，导致和员工双方缺乏了解。如果能够改变自己的交流方式，采取科学合理的技巧，那么效果无疑要好很多。

比如领导要懂得先去倾听，因为只有先倾听别人，别人才愿意倾听你；领导也要懂得换位思考，站在员工的立场上想问题、看问题，减少误解和隔阂，而员工也要经常站在领导的立场和角度想一想；平时不要局限于工作场合的交流，而要多进行一些非正式的沟通，双方可以参加一些聚会，或者下班后同行，彼此多做一些交流，交谈的内容不限于工作，双方经常谈论一些生活性的东西，反而可以畅所欲言，不受拘束。除此之外，还有重要的一点就是注意交流的态度，双方一定要注重平等交流，排除地位差异，排除个人偏见和经验主义，下级人员不能因为害怕得罪

上级而不敢说实话，而上级领导也不能自认为位高权重而采用居高临下的态度。最后，沟通双方还要多一些宽容和理解，这样才能够达到更好的沟通效果。

这些技能有助于减少交流中产生摩擦，减少身份地位所带来的隔阂，能够有效提升领导与员工之间的信任，从而提升沟通的效率。

如果说提升个人的沟通技能是个人能力的表现，那么企业更应该在整体上保障沟通的顺利进行，而相应的措施就是创造一个有利于沟通交流的环境。

第一，倡导沟通文化。

一个企业的沟通状况是好是坏，通常和企业文化有关。在企业中如果大家都不重视或者缺少沟通交流的习惯，那么整个企业就不过是无数个沉闷的孤立的个体的简单组合。因此，想要让企业变得更有活力，就必须鼓励所有人多做交流和沟通，不要因为分工不同而变得孤立，不要因为职位高低而产生隔阂。作为团队中的一分子，每个人都是不可或缺的，都是需要和别人进行合作才能发挥出自身最大的潜力和价值。所以，企业应该致力于建立良好的企业文化，让所有的人都能够主动和别人进行交流和沟通。

第二，调整组织结构，改善内部的沟通渠道。

对于很多企业来说，可能领导和员工都有沟通的意愿，可是沟通的效果往往不佳，很大一部分原因就在于组织机构的设置不合理。比如机构臃肿，一些企业的机构非常复杂，不仅严重影响了办事效率，而且也造成了沟通上的困难，领导的命令或者想法会被更改，相关的信息会在烦琐的机构干扰下扭曲掉，而员工的意见和建议则处处受到阻挠，无法顺利地被领导听见。

对于这种情况，企业需要对相关机构进行改革，而且要做到精简机构，尽量为打通沟通交流的渠道扫清障碍。现在很多公司尽量打造扁平化的组织结构，以此来减少行政管理层次，裁减过多的部门和人员，这样就能够有效缩短沟通渠道和信息通道。

第三，沟通交流的制度化。

领导和员工之间的沟通交流并不是个人的，它应该成为管理中的一个重要组成部分，因此沟通的制度化很有必要。这种制度化包括约定沟通的时间、内容、方式，比如部门之间应该定期交流，企业应该制定合理的沟通计划等。管理学家认为制度应该是沟通交流最有力的保障，这种强制性在某种程度上有助于企业养成比较好的交流习惯。

第四，打造出色的丰富的交流平台。

沟通交流也需要一个平台来支撑，企业要做的就是打造更多这样的平台。过去一般是通过面谈、信件和电话来进行沟通，而随着信息产业的发展，交流的便捷性、快速性得到了明显的提升，公司应该适时建立信箱、短信、QQ、微信平台，以及一些员工论坛、服务网络等新的沟通平台，再结合传统的交流平台和方式，从而使员工能够以自己擅长的方式进行最佳的沟通，提高沟通效果。

在一些中小企业中，很多老板都会将自己的 QQ 号、微信号和员工进行分享，平时可以随意进行交流，为了确保交流的有效性，他们还会专门划分不同的板块，将生活和工作板块区分开来。这种做法有效拉近了老板和员工之间的关系，也打造了一个非常高效的信息通道。

第五，建立沟通反馈机制。

沟通不仅仅是听别人说或者告诉别人某个信息，它是需要反馈的，应该建立起沟通双向交流机制。沟通双方通过交流后需要注意观察有效沟通后的反应和行动，并收集可用的反馈信息，从而为有效沟通做出评判，提出改进方法。很多公司在开会之后，常常会要求员工及时反馈各种信息，包括对会议的看法、对会议各个要点有什么要求，以及会议中的分歧有什么解决的方法等。如果信息反馈畅通的话，就可以使自上而下的沟通和自下而上的沟通达到完美平衡，并实现双向交流机制，最终提升沟通的有效性。

　　当然，在建立有效沟通机制之后，老板需要注意一些问题，比如建立一个核心管理层来确保有效沟通，防止"一人独大"，否则沟通就只是一句空话。此外，还应该确定公司发展计划和目标，使得沟通有章可循，否则员工很可能都搞不清楚沟通的侧重点和内容是什么。

四、肢体语言有时候也能促进沟通

语言是最常用的交流方式，也是比较直接的表达方式之一。通过语言来沟通是非常有效的方法，不过有时候语言也容易让人产生误解，因为语言通常拥有过多的主观性，它并非总是内心真实想法的体现。此外，语言的表述功能也是受到限制的，而且有些话并不适合当面说出来。相比之下，肢体语言可能更加委婉一些，但也更加客观，而且肢体语言所隐藏的内涵通常都很丰富，往往能够表达更多的情感。

对于每个人来说，可能每天都会做出大量的肢体动作，有一些是生活和工作需要，有些是身体最基本的反应，还有一些是出于交际的需要，它们几乎成为民族文化传统的重要组成部分。比如握手、敬礼、鞠躬、拥抱、亲吻、竖起拇指等，这些都是表示亲近、欢迎和信任的动作，在日常的交流当中，这些动作往往能够起到非常大的作用。

在企业中，领导和员工之间的交流多数都是语言性质的，平时的工作汇报、调查工作、会议都离不开语言，要么就是通过电子技术将信息转化成为文字和语音。但实际上在日常的接触中，有一些肢体语言同样不可忽视，在某些时候，它们能够有效促进沟通，提升沟通的效果。而一般情况下，领导需要掌握一些最基本、最常见的肢体语言：

1. 打招呼的时候经常需要招手

招手的动作通常更能表现出主动性，对方也会觉得更有亲近的感觉，如果只是简单地说一声"你好"或者"早上好"，这样看上去往往会让对方觉得像是一种敷衍，纯粹是为了出于礼貌和人情往来的需要。

2. 经常点头

点头是一种非常有效的拉近人际关系的方式，比如在倾听员工说话的时候，领导就要注意经常点头，点头意味着一种认同和赞美，意味着双方在某些立场或者目标上的一致性。如果只是认真倾听，对方是不会感觉到他所说的东西是不是真的有价值或者被人认同，他所说的东西是不是真的能够被接受。而在日常生活中，点头也是一种非常好的打招呼的方式，这是引导双方彼此接近的一个积极的信号。

3. 要善用握手和拥抱

对于领导而言，赞美、奖赏和欣赏员工的方式有很多种，比如在口头上进行表扬，但口头上的话虽然可能会打动人心，但有时难免会被当成是场面话。如果领导对员工的能力和工作表示认可，那么不妨给一个拥抱，或者主动和他们握手，这样反而更能够显示出领导的真诚，更能够体现出领导的重视和关怀。

投资大师罗杰斯曾经和索罗斯建立了量子基金，创造了令人瞩目的业绩和财富。虽然他是华尔街上最负盛名的投资人之一，但是他是非常低调的老好人。据说公司每招收一个新员工，罗杰斯都会亲自和对方握手表示欢迎，相对于索罗斯的冷漠来说，罗杰斯无疑更受员工的欢迎，平时大家也愿意和他交谈，彼此之间建立起了良好的工作关系，而这也是他带领量子基金走向辉煌的重要原因之一。

4.眼神要专注

很多时候，领导在和员工进行交谈的过程中，会出现左顾右盼的情形，这种行为实际上是非常不礼貌的，意味着领导对对方的话语丝毫不感兴趣，或者认为那些话不值一提、漏洞百出。这些小细节很有可能会伤害员工的自尊心，对双方以后的沟通交流不会有任何好处。

瑞典著名建筑师奥斯特伯格，曾经接受朋友的推荐去一家建筑公司帮忙设计一栋大楼，建筑公司的老板请他谈一谈建造的设计规划和一些细节问题。可是奥斯特伯格很快就注意到这个老板在谈话的时候眼睛要么是看着窗外，要么就看桌子上的文件，在倾听的时候更是如此。奥斯特伯格觉得很生气，认为自己受到了侮辱，于是谈话结束之后他再也没有去找那个老板。他后来对朋友说："我觉得那个老板可能不需要我这样的人，他的眼神似乎已经告诉了我他对我的设计不屑一顾，他可能有了更好的人选。"就这样，那家建筑公司最终也没造出那栋大楼来。

都说眼睛是心灵的窗户，眼神往往能够透露出更多内心深处的信息，因此领导在谈话时，眼神要专注一些，要盯着对方看，这样就表示自己很重视这次谈话，对这次的谈话很感兴趣，而这对员工来说是非常好的激励。

5. 注意坐姿和站姿

中国有句老话："坐有坐相，站有站相。"意思就是说一个人一定要注意自己的仪表，要端正，不能歪七扭八、过于随意和慵懒。很多领导在和员工对话的时候往往喜欢靠在椅子上或者沙发上，要么就跷着二郎腿，这些虽然都是一种很随意的姿态，但是带着一点轻视的味道，让人觉得这样的领导是不可亲近的，这样无疑会影响双方接下来的交流。有的领导虽然站着说话，却歪七扭八，要么不停地晃动身子，要么就不断倒换双脚、移动脚步，这些动作可能会让员工产生"领导很不耐烦，希望尽快结束谈话"的感觉，这对员工来说是一种打击。

领导应该注意自己的动作，尽量保持身体的端正，坐的时候要尽量保持上半身的挺直，要注意收腹、下颌微收，两下肢并拢。而正确的站姿则是抬头挺胸收腹，双脚微微放松，呈现一前一后的"稍息"状态。

6. 经常以微笑示人

法国作家雨果曾经说过："笑就是阳光，它能消除人们脸上的冬色。"可以说微笑是促进交流最好的催化剂。领导要善于以微笑示人，因为经常微笑能够有效增强个人的亲和力和魅力，能够有效提升彼此之间的信任。对于员工来说，领导总是保持一副冷冰冰的样子或者挂着严肃的表情，会让人觉得难以接近，并且可能会因为不敢沟通而产生隔阂，而且常常会让员工在交流中觉得尴尬。相反，领导经常微笑就能够有效打破僵局，为双方的交流创造了条件，也营造更为轻松舒适的谈话环境。

除了以上这六种常见的肢体语言之外，还有很多丰富的肢体语言也值得重视，它们也都承载并能够传达出大量的内涵和信息，如果能够合理表现出来，那么就可以更好地提升沟通的效果。

五、走进员工的生活

　　无论是企业家还是管理学的专业人士，都认为打造一个优秀的团队，关键在于保证这个团队所有成员的关系非常亲密，不过想要做到这一点非常困难。实际上在企业中，员工与员工之间往往更容易建立亲密的关系，这不仅仅是因为他们做着同样的工作，还因为在同样的工作环境中，每天都要打交道，都要进行合作，这样的关系无疑带动了他们在生活中的交集，所以很多同事到最后会成为无话不谈的好朋友，他们能够一起上下班，能够一起出去旅游和聚餐，能够互相串门做客，能够轻松融入彼此的生活圈。

　　不过这些亲密的关系在领导和员工之间并不容易看到，领导和员工之间更多时候只是处于一种工作关系之中，下了班之后，双方很少有什么交集。而这也就决定了双方之间沟通和交流并不那么畅通，至少双方很少能够坦诚相对。

　　之所以会出现这种情况，就在于领导和员工之间常常被各自的身份制约住了，领导会觉得自己高高在上，是发号施令的人，而员工是执行者，因此双方的地位决定了彼此之间的关系很难突破工作的范围。但对于整个团队来说，领导和员工之间的关系仅仅维持在工作关系的水平上，显然太过于保守了。

在欧洲一些公司里，很多好的创意和点子是在聚会中提出来的，领导和员工之间能够畅所欲言，尽情表达和沟通，所以餐桌文化常常成为工作的一部分。通过聚会、旅游等一些活动，领导常常能够更好地了解和理解员工的想法，而员工也能够对公司的发展有更加清醒的认知。

工作中的约束力太大，相关的限制也比较多，因此无论是领导还是员工，都难以如实地说出自己想说的一切。而相比于工作环境，生活中往往更加客观真实，人们也更加放松，能够准确表达内心的感受和想法。

正因为如此，领导应该勇敢地走出办公室，走出企业，要努力走近员工，尽可能融入到他们的生活圈子当中去。通过生活的接触，领导就能够更加准确地了解员工们的生活状态，了解员工真正喜欢什么、喜欢做什么、是什么样的性格、有什么样的追求和目标，看看他们有什么困难、有什么生活压力需要解决。

威士忌大王杰克·丹尼说过："永远不要指望你的员工会在工作的时候对你说出全部的真话，也不要指望他们能够展示最真实的工作状态。"在企业中，哪怕是在最透明、最有效的沟通渠道中，也是不可能真正做到无限制、无隔阂的交流，总有一些东西是员工不愿意和领导一起分享的，或者说他们没有做好分享的准备。在工作体系中，领导对于员工的关注度全部都体现在工作内容上，而这恰恰阻碍了领导进一步去理解他的员工。

事实上，工作和生活虽然相互独立，但是联系紧密，在工作中可以看见员工们生活中的一些状态，而在生活中，也可以看见他们工作的影子。因此想要了解更多员工的信息，想要确保沟通更有效率、更有价值，就要从员工的生活入手，需要深入挖掘他们的生活。这种挖掘并不是粗暴简单的调查，而是需要领导主动去接近他们。

首先，领导要懂得关怀员工，这种关怀并不仅仅局限在工作当中，而应该延伸到生活当中，了解员工的生活环境、生活状态，切实帮助员工解决生活上的困难，帮助他们解决后顾之忧。这种方式比一般的沟通交流方法更加有效，因为一个从生活上给予自己无微不至关怀的领导，通常具有细腻的情感，具有同情心和亲和力，员工更愿意放下戒备和他们坦诚对话。

其次，要懂得和员工们打成一片，领导应该改变过去那种下了班就是陌路人的想法，而应该懂得将彼此的生活联系起来，要知道双方在工作当中可以实现合作，而在生活中一样可以找到交集的点。所以在下班或者休假期，领导完全可以和员工一起吃饭、一起聚会、一起运动、一起休闲，通过这些生活化的活动，来展示和培养彼此之间的友情。

再次，必要的时候可以相互串门，拉近彼此之间的关系，在中国串门是一种表现亲近关系的有效方式。如果领导愿意放下架子经常去员工家里走一走、坐一坐，那么双方的关系肯定会有很大的改进，而员工也会慢慢地愿意将自己的东西展示给领导看。

最后，借助某些网络工具，建立一个生活群，比如 QQ 群和微信群，在这个群里，员工和领导可以畅所欲言，不必拘束于工作，不必受制于彼此的身份和地位。双方完全可以谈论更多的东西，让员工在里面多谈一些生活琐事和家庭趣事，这样可以充分挖掘出更多的兴趣点和共同的爱好，从而加深彼此的感情。

以上这些方法都能够有效帮助领导融入到员工的生活中，不过在走近甚至是走进员工的生活时，领导一定要注意保持主动，而且要降低自己的姿态，不要摆出领导的架子。要注意用平等的姿态看待员工，看待发生在他们生活中的事情，这样才能更好地赢得员工的信任。

此外，领导也要主动和员工分享自己的生活，将自己生活的点点滴滴拿出来一起分享，这样会显得更加亲民一些，通过这种展示，员工可以更好地理解领导的生活，从而更有助于他们了解领导。这样领导在交流的时候可以更具吸引力和魅力，方便双方做好沟通工作。

六、在工作中信任自己的员工

在很长一段时间内，人们认为管理者更看重的是一种监督机制，管理者的任务就是在发布工作任务之后，监督员工更好地完成任务。在这种监督体制下，管理者认为自己的工作就是强迫员工按照既定的规划进行工作，他们觉得员工是被动的，在缺乏有效的监督和控制之下，员工的工作会变得很糟糕。

在旧体制下，员工常常得不到领导的认可和信任，而在今天，仍旧有一些企业家和管理者采用严格的监督制度，仍旧认为员工的一举一动都是需要被监控的。之所以会这样，很大程度上是因为企业家们通常都认为企业是自己的私人财产，是自己个人的事业，他们担心员工不会对此认真负责。很多领导时刻监督员工的一举一动，生怕员工偷懒，生怕员工工作出现差错，而这显然会打击员工工作的积极性。

首先，管理者这样做会让员工认为自己被排除在团队之外，认为自己并没有得到应有的重视和尊重。同样，他们也会降低对企业的信任度，这会挫伤他们工作的积极性。

其次，员工长期受到监视，处在压抑的工作环境中，会带来巨大的心理压力，从而导致职业倦怠症的出现。

最后，在被动的受约束的工作条件下，员工的主观能动性受到很大的限制，他们的个人目标会受到影响，这样只会影响他们的工作态度。

在团队中，合作与信任是最重要的，这是企业发展的动力之一，因此企业的领导应该转变自己的思维，给予员工充分的信任，要相信员工作为团队中的一分子，他们是有能力处理好自己的工作的，也能够对自己的工作认真负责。只有坚持这样的看法，领导与员工之间的隔阂才会打破，双方的沟通和交流才能维持在一个正常的水平上。

比如很多时候领导需要做出一个恰当的决策，如果领导觉得员工帮不上忙，就很可能不会就这些事情和员工进行讨论。但是假如领导愿意相信员工的话，那么双方很可能会有更多的交流，而员工也许能够提出很多不错的意见和建议，能够给予一些非常合理的点子。

迈阿密的地产大亨班克斯因为和摩根集团的老总相识，而且双方也有很多业务上的合作，所以他请求对方让自己的儿子去摩根集团上班。而这引起了集团内部某些人的不满，尤其是小班克斯的经理，他觉得小班克斯不过是仗着父亲和总裁的私人关系才能够到银行来上班，因此料定对方是一个没有多少能力的纨绔子弟。

正因为如此，小班克斯上班一年多，经理也没和他说过几句话，在一些重大问题上，他也从来没邀请这位"太子"参与进去，双方的关系始终很冷淡。直到某一天，集团准备收购意大利的一家银行，让这位经理提出可行的收购计划和方案，经理召集一些骨干员工进行讨论之后毫无头绪，大家都觉得这些收购方案和集团高层的要求相去甚远。

几天之后，工作毫无进展，这时候有人建议让小班克斯也加入进来讨论一下，因为小班克斯在哈佛商学院毕业，应该也能帮上一点忙。经理原本根本没这样的打算，但是有人提出了建议，他也不好反驳，于是就同意让小班克斯也参与讨论。结果，小班克斯在第一次参加内部会议时就将自己早已经制订好的方案拿了出来，经理看完后目瞪口呆，认为这个方案简直再适合不过了。之后，这个方案稍作修改后很快得到了高层的审批，而公司也顺利收购了意大利的那家银行。

经过这件事之后，经理觉得非常后悔，他极力向高层举荐小班克斯。后来他主动向小班克斯道歉："该死的，我为什么到今天才愿意和你说上几句话，不得不说，这是一个不可原谅的错误。"

可以说，信任是沟通的前提，也是建立起沟通交流机制的重要保障。如果领导和员工之间互不信任，那么双方就很难形成默契，很难在工作中产生共鸣，甚至会出现一些对立情绪。

当然，领导想要做到信任员工，就需要拿出实际的行动，让员工感觉到自己受到了尊重和理解。比如在工作中，无论遇到什么困难，都要坚信员工能够克服困难，完成任务。有些领导常常会在主观上认为员工不适合干这个或者干不了这个，结果双方根本没有机会在一起进行交流。如果领导愿意相信员工的能力，他们会发现员工是完全值得托付的，而员工也会给予最大的回报。

另外，领导遇事主动和员工商量，因为员工毕竟也是团队中的一分子，他们有责任为团队排忧解难。而且主动和员工讨论问题，也是一种信任和尊重的体现，相信双方一定会擦出很多火花，想出很好的解决方法。

还有一点非常重要，那就是态度。领导必须坚持平等待人的态度，不能因为自己的地位而产生高高在上的优越感。从心理学的角度来说，人都具有一定的自我保护意识和防备性，对于外在的人和事会本能地产生抵触、排斥的情绪，而这样显然就会影响双方的交流。对于领导而言，如果他们能够摆脱身份带来的困扰，平等地看待员工，双方之间保持最基本的信任，那么双方之间的壁垒会被打破，彼此也肯定会有更多的交集。

七、寻找更多的共同点

有人曾经做过采访，发现多数员工对于领导都心存敬畏，有大约 30% 的员工承认自己害怕领导，高达 70% 的员工认为自己和领导在一起的时候会感到不自在，而更多的员工则表示自己在工作之外不会主动和领导联系。

从这份调查可以得知，真正的问题很可能在于领导和员工都认为彼此是孤立存在的，除了工作之外，两者并没有什么特别的关系，而工作地位的悬殊实际上又进一步拉大了这种距离感，因此双方之间的沟通情况并不理想。

造成这种现象的原因是多方面的，而从本质上来说，可能是双方之间的共同点太少了，因为当领导或者员工觉得自己和对方不是一路人的时候，那么就会觉得彼此之间没有什么可值得交谈的，这样一来很容易造成情感上的抗拒，并最终影响到日常的工作交流。俗话说"物以类聚，人以群分"，具有相似特点或者相同需求的人自然而然会结成一个群体，而那些缺乏共同语言的人则相互疏远和排斥，这是人类社会的一个重要现象，也是自然法则的一部分；从心理学的角度来分析，处在陌生的环境中，和毫无交集的陌路人进行交流会让人感到不安，但当自己和周围的人拥有更多的共同点，人的安全感是最强的。正因为拥有共同点就会具备相互吸引的能力，就能够顺利打通沟通的通道。这对企业家和管理者来说是一个提醒：企业的领导们需要在自己和员工之间寻找更多的共同点，需要更多地寻找能够构建沟通桥梁的东西。

最常见的就是寻找共同的兴趣爱好，这是拉近人际关系的一个重要方式，对于领导和员工来说，枯燥的工作和悬殊的地位往往会限制正常的交流，而寻找共同的兴趣点则是非常好的突破口。彼此之间可以聊一聊最喜欢的工作方式，聊一聊最喜欢看的电影、最喜欢的运动、最喜欢的美食等，共同的兴趣爱好能够有效增加话题，能够增强双方的关系。随着这种关系的强化，彼此之间的亲密度会得到提升，这样就为工作中的交流奠定了坚实的基础。

在20世纪90年代，很多人都喜欢打乒乓球，因此打乒乓球成为了当时结交朋友、联系感情的一种重要方式。在企业中也是一样，很多领导经常约员工去打球，彼此切磋球技，谈论一下各自喜欢的球员，谈论一下球赛，并且在打乒乓球的过程中聊一聊工作情况。很多人将这种方法称为"乒乓球小外交"活动，实际上就是一种有着共同趋向性的交际活动。

在国外，这样的情况也屡见不鲜，卡内基钢铁厂的核心人物齐瓦勃在担任公司的总经理时，为了更好地管理下属，曾经做了一番调查，了解到员工经常喜欢聚在一起打桥牌，所以有一次他拎着几瓶酒去找员工。

正在打牌的员工们看到总经理来了，一个个都很恐慌，担心自己会受到训斥和惩罚。齐瓦勃笑着说："现在是休息时间，你们有权决定干其他的事，至于我来到这儿，是想问一问有没有人愿意找我打牌。"员工这才放心，并且主动和他在一起玩牌。几个月之后双方成了无话不谈的老牌友，而这为齐瓦勃的工作减轻了很多压力。

除了寻找共同的兴趣爱好之外，领导也需要在自己和员工之间建立起共同的目标，这一点很重要，毕竟在工作中，拥有共同的目标才会有更多的合作意愿，相互之间也更愿意进行沟通。

很多时候领导会孤立地看待自己的工作目标，觉得企业的发展是自己个人的事业，而员工只是为了挣钱养家而已。正因为如此，领导和员工之间常常会产生隔阂，双方在工作上的态度也会有所不同，对于工作的理解会产生分歧。如果领导愿意迁就员工，或者说和员工建立起一个共同的目标，那么双方就愿意一起为之努力，双方之间也能找到更多的话题，愿意就工作中遇到的困难进行讨论和磋商。

百事可乐在开辟印度市场时，曾经聘用了很多印度本地的员工，为了和对方建立良好的工作关系，为了实现更有效的沟通，当时的市场开发部经理皮特发表了一番感人肺腑的演讲："我们来自不同的地方，有着不同的文化，我们需要增添各自的荣耀，但是从今天开始，我们的目标应该是一致的，我们所得到的东西都是值得分享的。"通过演讲，百事可乐公司很快就赢得了印度员工的支持，双方之间原有的一些顾虑也消失了。

挖掘共同点是领导建立沟通机制的重中之重，在人际交往中，这是一种非常适用的方法，具有共同趋向性的东西往往更能够制造话题，更能够减轻彼此之间的防备，也更具有吸引力。沟通和交流并不是简单的说话，它不仅需要一个好的话题、好的氛围，还需要更为诚恳的态度，这样的沟通才会更有效率。

因此，除了共同的爱好和目标之外，领导还要懂得将自己和员工当成同一种人来看待，至少从团队的角度来看，双方都是团队中的成员，是相互合作的工作伙伴。一旦领导觉得自己是雇主，而员工是雇员，是打工者的话，双方就会产生身份上的隔阂，员工也会因为自己处于弱势地位而感受到来自领导的压力，这种压力往往会让员工排斥领导，并且害怕和对方待在一起。

八、保持低调，才能赢得信任和尊重

瑞典前首相帕尔梅被称为全世界最亲民的领导人之一，他一直以来都非常低调。虽然身居高位，却住在平民公寓里，没有私家车，没有保镖，每天都坚持步行去首相府上班，而且经常与路人打招呼，相互问候。甚至就连去美国参加重要的国际会议，他也曾独自搭出租车前往会场。

美国的《纽约时报》曾经刊文感慨道："现在我们该知道为什么帕尔梅能够将整个国家治理得井井有条了，因为他和他的国民之间没有任何沟通上的问题，而我们的国家总统却每天待在白宫里，出门就有一大批保镖簇拥，他们永远不知道下面具体发生了什么，不知道民众需要什么东西。"

很显然，帕尔梅之所以受到民众的拥护，就是因为他足够低调，让别人觉得没有任何隔阂，所以才会打开交流的通道。这一点值得所有的领导者学习，尤其是企业家。实际上，企业上下级之间的沟通问题非常普遍，而且发生的多数沟通问题其原因大都在领导者这边，毕竟由于领导者占居高位，很难以平等的姿态与下级进行交流，而下边的人很难如实向上级反映情况。

这是处于领导阶层的管理人员的通病，为了确保自己的权威，突出自己的优势，发泄自己的控制欲或者为了满足自己的优越感和虚荣心，领导者往往会怠慢和轻视员工，不愿意听到他们反映情况，只愿意下达命令；不愿意下到基层去了解情况，或者只是象征性地走个过场，要么就认为基层工作都是一些小问题，不值得自己费心思。正因为拥有这些错误的官本主义思想，他们常常会人为地在上下级之间设置沟通的障碍，这样一来员工也会放弃和上级进行交流。

国内饮料行业的领军人物宗庆后拥有几百亿的身家，名下的娃哈哈公司更是中国饮料行业的龙头老大，按道理说他的生活完全可以更加奢侈一些，不过向来崇尚节俭的他很少花钱，平时滴酒不沾，穿的是百元上下的衣服，用的是千元不到的手机，开的是普通的车，每次出差公干都坐经济舱。按照他自己的说法，一年的总花销不会高出五万元。这样一个超级大富豪却很少胡乱花钱，而且没什么老板的架子，这样低调的做法无疑为他凝聚了更高的人气，所以员工也都愿意接近他，彼此之间的沟通和交流非常频繁和自然。

葛洪说："劳谦虚己，则附之者众；骄慢倨傲，则去之者多。"那些说话傲慢、为人不谦虚谨慎且目中无人者，常常会被他人排斥，而那些低调朴实的人则更容易被人接受。对于整个企业来说，想要避免上下级的对立和分裂，想要让上下级之间在交流中强化合作关系，就需要上级领导放下官架子，需要以更加谦恭和平等的姿态来面对员工。

联想总裁柳传志曾经说过："当一个员工对他的上级感到害怕，而且不敢面对面说话的时候，这个企业迟早要出大问题。"那么如何才能让员工不会对领导感到害怕呢？办法只有一个，那就是让领导变得更加亲民，让他们变得更加低调，这种低调并不是表面上的作秀，不是和员工握握手、开开玩笑，或者闲来没事就去基层视察工作。低调应该是真诚的，是发自内心的，领导应该平等地对待员工，真正地将阻拦彼此沟通和交流的官本思想消灭掉，这样才会赢得员工的尊重和信任，而员工自然也就愿意敞开心扉，说出真实的想法。

为了改变员工对领导的印象，很多公司非常注重一些细节，比如规定领导去基层视察一定要自带伙食，或者自己花钱消费；下基层视察要穿工作服，不能西装革履；要保持谦卑，先听一听员工的想法和看法，然后再提出自己的想法，而不是一见面就发号施令；不能总是让员工站着做汇报；不能动不动就对员工大吼大叫；对员工反映的情况一定要及时进行回复。这些规定虽然看起来有些奇怪，但至少可以看出公司对上级管理者的一些不当行为做出了规范，显示出了公司对员工的重视和尊重。

企业家应该从自己做起，尽量保持低调姿态，而且还应该要求所有的管理者都降低姿态，把自己当作团队中普通的成员来看待，不能搞特殊，不能搞特权，也不能对其他人颐指气使。企业家应该通过这些规定慢慢引导管理者转变办事风格，转变管理的思路，使管理工作更加人性化。

态度决定一切，良好的态度往往决定沟通的有效性。想要做到完美有序的沟通，想要加大交流的力度和机会，那么领导者应该保持低调的态度，要将员工放在一个平等的位置上对话，这样才能够降低隔阂，打开双方沟通的大门。

第十章

如何亲手打造战斗力超强的团队

每个企业家都希望自己的团队具有强大的战斗力和竞争力，当然一个优秀的团队并不是与生俱来的，它需要经过不断地组合、打磨以及完善，需要管理者做好各个方面的准备工作，调整和改进团队的各个环节，需要想办法提升每一个员工的能力，这样才能够真正打造一支具有强大战斗力的队伍。

一、建立完善的人才培养机制

每一个企业家都希望自己公司的员工是最强大的，当然，并非所有的员工都是即插即用型的，很多员工的能力需要得到正确的培训慢慢发挥出来，才能够展示自己的价值。而且并不是所有的优秀员工都需要直接招聘，好的企业往往能够自己培养人才，能够建立起比较完善的人才培育系统，而这应该是企业寻求长远发展的一个重要方式。

世界上先进、优秀的大公司中的人才培养计划和人才培养机制是较完善的，也正是因为如此，源源不断的人才被输送到各个部门、各个岗位上，并且成为了推动公司不断向前发展的重要力量。不过，人才培养的机制并不是单纯的某一种方法或者某一个方案，而是一个完善合理的体系，在这套体系中，每一个环节都是紧密联系、互相影响的，想要建立丰富的、多层次的人才培养机制，关键要抓住人才培养机制的那几个重要组成部分，然后对每一个部分进行完善。

第一是培育机制。简单来说就是培训员工，这种培训主要侧重知识、理论和技能，而且必须由专业的导师来教授，将系统的知识和专业的技能一点点灌输给员工。除此之外，接受培训的员工需要掌握一些自学的方法，需要在导师的带领和引导下提升实践方法的运用能力。

　　除了组织定期培训之外，还应该组织一些交流和座谈活动，促进内部交流和经验分享。这些组织活动或者座谈会常常能够有效地丰富员工的知识，帮助他们解决一些常见的疑惑，更重要的是，让他们学会如何依靠团队的力量解决问题。

　　培训的方式丰富多样，但是要侧重实用性。比如培育方式要具有针对性，毕竟人才专业不同、水平不同、工作岗位和任务也不同，因此企业需要有针对性地进行训练，确定不同的培养目标和培训内容。企业还要为每个员工提供明确的规划，帮助他们建立起切合实际的目标，完善他们的学习计划，确保整个学习时期都合理有序。

　　此外要懂得理论结合实践，在培训期专业知识和专业技能通常都停留在书面理论上，而理论知识和实际操作是完全不同的概念，而且任何培训的技能都是要应用在实际工作当中的。为了更好地理解和消化理论知识，为了将员工打造成实践型的好员工，企业的培训计划中必须有相应的实践活动。只有将理论知识和具体的实践活动结合起来，才能够确保培训效果的优秀。

　　第二就是驱动机制。接受培训的员工能够掌握必要的知识和技能，但是这种技能能够学习多少，员工又愿意学习多少，他们是否还有潜力可挖，在未来的工作中，他们会有怎样的表现，这些都是未知或者具有弹性的。为了让员工激发出更大的能量，这时候就需要一点驱动力，那就是对接受培训的员工进行激励。相关企业应该对员工的一些表现给予充分的肯定和奖励，通过奖励可以有效促进培养工作的进行，帮助员工更好、更快地成长。比如，要建立起以业绩和能力为导向的评价机制，规范岗位的分类和标准，建立以业绩为重点，由品德、知识和能力组成的绩效考核体系，通过实践来检验业绩的优劣、能力的强弱、素质的高低，并进行有效的评价。这种评价机制能够有效地促进员工自我能力的提升，从而强化培训的效果。

　　除了物质激励之外，情感激励也是一个重要的保障，因此企业需要建立起良好的企业文化，让员工感受到企业的培训氛围，通过理念、文化、行为规范等各种渠道营造相互尊重、相互帮助、企业与员工相互成长的良好氛围。这样有助于帮助员工更好地融入到培训工作之中，而且良好的工作氛围也使得员工对未来的工作有更多的渴望，因此他们会想办法提升能力留在企业中的。

　　第三是人才任用机制。人才的培养和任用应该是紧密联系的，企业要给人才提供真正施展才能的机会，给予培养出来的人才合理的发挥平台。如果只停留在培训阶段，而不知道任用，那么整个培训机制也就失去了意义，而且对接受培训的员工来说也不公平，会伤害到他们工作的积极性。

　　此外，人才的任用需要划分等级，包括岗位等级划分以及奖励上的等级划分，将一些工作表现突出的员工提拔上去，对一些表现不好、出现倦怠症的员工也要适当进行调整。整个企业在任用人才的时候，要注意将他们安排在最合适的岗位上，充分释放出所学到的技能以及潜藏的能力。

　　需要注意的是，人才的培养机制并不是固定不变的，需要随着客观情况的变化而发生转变，领导也需要不断转变自己的思维，需要保持与时俱进的心态，不断丰富和完善这种机制，以确保人才的培养和输出能够满足时代发展、时代竞争的需求。

　　除此之外，培训的时候最好是注重企业内部的人才培训，靠外部输血的公司所要承受的风险往往很大，而且对于一些发展状况不那么明朗的小企业来说，对于人才的吸引力并不那么突出，因此从内部培养是维持企业人才不出现断层的最好方法，也是提升企业整体实力的一个重要方式。而且相比于招聘而来的员工，企业内部的员工对企业的产品、工作流程以及一些基本状况更加熟悉，培训的成本更小、效果更好。此外，企业内部人员的归属感更强一些，更容易接受培训。

二、不要忽略那些"另类"的员工

吉姆·格雷和戈登·贝尔是加州硅谷两位非常有名的计算机奇才，这两个人的计算机技术堪称是世界上最顶尖的，不过他们两个人的脾气很古怪，思维方式和行为方式总是和别人不同，因此在很长一段时间内，也没有大公司愿意招聘他们，而他们两个人也总是想出各种千奇百怪的理由拒绝别人的邀请、聘用。

微软总裁比尔·盖茨听说这两个人的事情后，非常激动，他非常希望他们能来自己的公司上班，于是多次发出了邀请，可是却始终被拒绝。盖茨只好亲自登门拜访，令人大跌眼镜的是这两个人不来微软上班的理由竟然是不喜欢微软总部雷德蒙冬季的霏霏阴雨。听到这个理由后，大家都很生气，觉得他们实在是无理取闹，并且认为这两个人并无真才实学，只是哗众取宠罢了。但是盖茨并不这么想，他觉得他们的表现虽然很怪、很另类，但是只要有足够的能力和实力，那么就值得微软公司去追求。

既然对方不喜欢到微软总部来上班，那么干脆就让他们继续在加州工作。于是盖茨一声令下，在硅谷为他们两个人专门建立了一个研究院。微软公司为了两个员工而大兴土木，成立研究院，听起来很不可思议，但事实上吉姆·格雷和戈登·贝尔给微软公司创造的财富远远不止于此。

在很多时候，领导如果以正常的思维方式和角度来思考，用一些常规的标准来衡量员工的价值，就很可能忽视并错过了一些另类的好员工。领导应该明白一点，另类并不代表着无能，另类的员工虽然在很多方面表现得很糟糕，但是他们的价值可能隐藏在了别的地方。

比如有的员工不善言辞，不善于与人交际，也缺乏与人合作的强烈意愿，更多时候，他们更喜欢独自待着，可是这样的员工往往具有很强的创造力，他们可能更加适合在实验室里搞研究；有的员工对于生活上的事情常常一无所知，甚至连生活也不能自理，可是在工作中他们可能是最杰出的人，办事很有条理、很有分寸；有的员工可能思维与别人不同，常常和别人产生不同的看法，虽然他们常常不被人所理解和接受，但是他们的方法往往能够解决一些棘手的问题。领导在面对这类员工时，不能总是以常规要求约束他们，不能总是按照常理来否定他们的想法，不要总是试图同化他们。

每个员工都有自己的闪光点，都有自身特有的价值，这些特质可能不符合人们的审美观，不符合常规的理解，但并不意味着它们就是荒唐可笑的。领导要善于挖掘那些与众不同的员工，并给予足够的尊重，因为他们所带来的价值也可能是与众不同的。不可否认的是，心理学家和社会行为学家一致认为循规蹈矩的人通常都比较保守，缺乏创造力，他们的思维很容易被现实生活的条条框框束缚住，所以这些人很可能至多只是社会体制内的人才，但是往往都达不到卓越或者伟大。而那些表现另类的人反而有机会做出一些伟大的事情，创造奇迹的往往都是那些极少数与众不同的人。

在企业中也是一样，循规蹈矩，按照正常的制度和理念办事，按照正常的思路工作的员工，他们可能会受到更多的关注，因为他们所做的每一件事都在尽量迎合人们常规的理念，都在迎合领导的要求。而那些言行举止另类、思维奇特的员工，很可能会被当成怪胎，常常遭到忽视和遗弃，可是这些员工很可能会在常规路径之外找到新的道路，能够寻找一种更具创造力的方法来解决困难，而这恰恰是突破和创新的关键。

福特公司的总裁曾经提出了研究 V8 发动机的计划，很多科学家和工程师表示反对，认为在当时的技术条件下，这是不可能完成的工作，可是有一个工程师却觉得这是可行的，于是福特的总裁更加坚定了这一计划。可是一连好几个月，研发进度都毫无进展，发动机的动力问题始终是个难题。福特的总裁这时候想到了那位当初支持自己的工程师，于是向他请教，结果对方提出了一套和其他工程师完全不同的方案，一开始大家都很困惑，觉得这样的方案有悖于常规的设计理念，简直就是垃圾。

好在总裁支持这个方案，毕竟以前的方法都不可行，现在不妨换一种方法试试。而当大家尝试着往新的方向进行设计时，果真慢慢理出了一些头绪，几个月后，V8 发动机顺利问世。

香奈儿曾说："创作最忌讳循规蹈矩，如果员工按要求完成了工作，而且每一个步骤都没有出错，我当然会高兴，但不会为此感到非常欣慰，因为我更加希望看到他有一些新的方案来提升自己。"

在现代的社会竞争中，创造力成为企业生存和发展的关键要素，甚至关乎企业的生命力和延续性，因此各个企业都在想办法增强自己的创造能力，可创造力的前提就是打破常规，突破原有的束缚。因此企业应该转变思维，应该采用新的方法，而这也需要企业去关注那些表现非同寻常的员工，一些看似不合理的行为，一些看似不可思议的想法，往往会带来意想不到的结果，看似行为古怪的员工，可能会创造非凡的价值和财富。

作家伏尔泰说："当一个人的所作所为完全背离了大众的行为方式，要么他是疯子，要么就是天才。"在企业中，那些另类的员工同样是不可忽视的，因为他们很可能就是天才，至少他们拥有常人所不具备的想象力，而这恰恰是企业最需要的。

三、挖掘新手的潜力

在企业中，领导常常会将重点放在某一类员工身上，或者说更愿意依靠某一类员工来寻求发展的道路，最常见的就是在老员工和新员工之间做出选择。而在一般情况下，企业通常更加重视老员工，领导也乐于重点关注老员工，因为老员工具有很多无可比拟的优势。

比如老员工更加忠诚，更有经验，实力往往也要高一些，毕竟他们的工作年限更长，经受了各种各样的锻炼，他们的实力是在实战中得到认可的。与之相比，新员工显得比较稚嫩，技术不完善、不成熟，工作缺乏经验，想问题看事情没有那么全面，大局观比较差。从这些方面来说，老员工备受青睐并非没有道理，不过这并不意味着新员工就要遭到无视，并不意味着新员工没有办法出现在关键岗位上。

如果说老员工代表了过去的荣耀和现在的发展，那么新员工的优势在于他们定义并决定着企业的未来。对企业来说，他们有潜力可挖，而且新员工的一切都是未知的，只要培养合理，只要善于引导和激发，就能够挖掘出他们潜藏在内的巨大潜力。而老员工很容易被自己已经具备的经验和技术所束缚，而且由于工作环境和工作时间的缘故，他们的能力基本上已经定型，很难再提取额外的价值。此外，老员工工作经验丰富，知道该如何处理工作中的各种问题，因此他们往往不需要企业过多地操心，正因为如此，企业一定要重视对新员工的培养，一定要将重点放在新员工身上，注重挖掘他们的价值。

将老员工比作石油和天然气等传统能源的话，新员工就是新能源。虽然过去和现在都还是以传统能源为主，而且它们的确为社会的发展做出了巨大的贡献，可是新能源代表了一种趋势，尽管现在的利用和开发都不算多，但只要深入研究和挖掘，那么新能源的巨大潜力和价值就会被发现，而这会成为时代发展的强大动力和保障。在企业中，新员工就代表了那种无穷无尽的动力，他们潜藏的能力是无限的。

对于一个想要打造强大团队的领导来说，应当意识到新员工在未来竞争中所起到的巨大作用，因此挖掘并提高他们的能力是工作的重点。

首先要做的就是尽量提拔出色的新员工，为他们提供更好的平台和更多的机会。在多数企业中，老员工通常都是骨干成员，他们的工资往往要比新人高一些，职位也要高一些，所处的工作岗位也相对更加重要一些。这样的安排可能符合常理，而且对于公司现阶段的发展和稳定也有一定的帮助，不过从长远发展来看，提拔新人应该成为一种必要的手段，领导应该更多地将一些表现出色的新员工提拔到更高、更关键的位置上去接受锻炼，给予他们更多的机会和更大的责任，以确保他们能够更快地成长。

在传统的行业中，诸如钢铁、煤矿、服装、纺织等行业中，人才更新换代相对缓慢一些，老员工的比例很大，而且明显更占优势，而这些显然制约了这些行业的发展。而在一些新兴产业中，往往更加重视人才的培养，人才的更新换代速度比较快，很多老员工常常会被提拔上来的新员工所取代，这种竞争淘汰的制度实际上表现出了企业对新人的重视，使得新人的潜力不断激发出来，而这确保了企业的发展更加快速、高效。

其次要注意新老员工搭配，让老员工的经验和技术来带动新员工的成长。事实上，老员工不仅可以传授技术能力，更重要的是可以将自己丰富的工作经验拿出来和新人进行分享，无论是成功的经验还是失败的经验，这些都会对新人产生积极的影响。因此，企业在安排岗位的时候，需要做一些调整，让新老员工进行合理搭配与合作，这样就能够有效发挥老员工的经验、技术优势以及新员工的冲劲，两者可以形成互补，对新员工来说，这也是非常好的学习机会，这样就能够有效提升新员工的能力。

有些公司在发展过程中会出现人才断层的情况，主要原因并不是公司招不到人才，而是公司一方面过于重视老员工，并使得老员工占用了公司大部分的资源，另一方面则是因为公司没有注重对新员工的培养，没有让有经验的老员工教授和带动新员工来适应新的工作环境，学习新的技能，结果导致新员工被边缘化，能力没有得到任何的提升。时间一长，等到老员工失去竞争力之后，整个企业就难以找到能够承担重任的人了。

其实，无论是特定的培养计划，还是相关的工作安排，最重要的就是要给员工创造更多学习的机会，要及时给予他们一些压力，让他们提前感受竞争的激烈和残酷，让他们学习各种应对困难的技能。

此外，新员工相关的安排和培养一定要科学合理，富有针对性，而且领导要适当对新员工保持耐心和信心，不能轻易给他们下定论，不能轻易给他们的能力值设限，不能轻易为他们的价值定型。无论这些新员工遭遇了什么，他们的工作状态如何，领导要做的就是等待，等待着挖掘员工最具价值的特质，挖掘员工最有表现力的那一面。

领导对于新员工的态度就应该像长线投资一样，尽管当下的回报率可能非常有限，但是从长远的发展来看，一定会给企业的发展带来很大的收益，所以领导要做的就是强化自己的投资，不断挖掘投资中可能潜藏的价值，让新员工成为隐藏巨大价值的潜力股。

四、给团队设置更高的目标

马云在阿里巴巴创立之初说过应该让阿里巴巴成为世界上最大的互联网公司，结果 20 年后的今天，他的团队实现了这个目标。华为在 20 世纪 90 年代的时候，任正非也给全体员工下了一个大目标，就是成为世界上最好的三个通信制造公司之一，现在，华为果真成为了世界上最强大的通信制造公司之一。法拉利总裁在创业的时候，曾经也说过要让法拉利成为世界跑车的标志，事实上，现在提起跑车，多数人首先想到的仍然是法拉利。

这些公司的成功并不是偶然的，也并不是因为他们的员工比其他对手更强，而是因为他们能够拥有更高更好的目标，并且大家都愿意为这个目标坚持到底。

传媒大亨巴拉昂曾经立下一份遗嘱，如果有人能够回答出"穷人最需要什么"这个问题，那么就将得到一百万法郎的奖励。结果有个小女孩认为"穷人最缺野心"，而这个答案和巴拉昂锁在柜子里的答案几乎一模一样，最终女孩领走了奖金。

穷人最缺野心，最缺一个远大的目标，而企业何尝不是这样呢？比如很多中小企业虽然发展势头不错，但始终没办法做大做强，原因往往就在于它们将自己限制在了低层次的追求上，它们缺乏高远的目标，缺乏更加宏伟的计划，因此只能在小地方待着，做一些无关痛痒的小生意。相反，一些小企业虽然一开始发展不佳，但是因为有着更加高大的梦想，有着远大的目标，整个团队会拧成一股绳努力奋斗，这样就激发出了难以想象的强大斗志和战斗力，最终让整个队伍变得更加强大。

很多人认为目标只是数据上的一种考量，只是单纯地为了完成某一个任务，但目标不仅仅是一个冷冰冰的数据，或者是某一种发展的境界，也是一种指引，一种强大的牵引力，目标的存在就是为了引导团队不断前进，不断改变和提升自己。尤其是那些位于更高层面的目标，所带来的牵引力更是不容忽视，它们能够最大程度地激发个人的创造力和潜力。因此领导如果想要打造一支强大的队伍，想要让企业变得更强、更大、更有竞争力，那么就要懂得为员工设置目标，而且是设置更高的目标。

比如说当企业按照既定的生产力，能够创造 5000 万元的产值时，那么目标为 5000 万元的话只是一个相对保守的数据，企业将目标定到 6000 万元的时候，员工们也能够办到。如果提高到 7000 万元的话，对整个团队来说都会是一个挑战，大家的专注度会得到提升，团队合作会更加密切，工作的积极性和效率会大幅提升，所以实现 7000 万元的产值也不是没可能的事情。

问题的关键在于企业的领导是否愿意带领团队去冒险，是否愿意相信整个团队的能力，是否有办法激发团队的潜力。管理学家布拉普本认为员工对于工作的完成通常都是被动的、保守的，他们更加倾向于自己能够顺利完成的工作。正因为如此，多数员工并不会对目标有太多的要求，毕竟能够完成自己的工作就是执行力的体现。而领导要做的就是刺激员工，要给员工一点压力、更高的追求，让他们觉得自己还能做到更多，还能够做得更好。员工有这样的能力，也应该有这样的野心。

哈佛商学院曾经对过去三十年内，世界上最优秀的几个公司进行调查和评估，发现多数公司都呈现出跳跃式或指数式发展，它们的发展并不是循规蹈矩、一步一个脚印的，而是迅速膨胀和壮大。这当然和新兴技术以及市场的迅速扩展有很大关系，但是相比于过去传统的一些企业而言，现在的竞争虽然越来越大，但是现在的企业家野心越来越大，魄力也越来越大，他们通常不会满足于既定目标内的任务，而是要制定更高的目标，有更多的索求。多数公司都希望自己做得更大，都希望成为行业内最佳，至少是最佳之一，正因为目标的不断提高，导致员工的欲望和积极性不断得到刺激，最终形成了强大的推动力。

对于企业的发展来说，设立目标是管理活动的任务之一，而设立更高的、更好的目标是现代企业，是现代企业家必须掌握好的一个管理技巧，而它的依据就是"人的潜力是无限的，只需要适当的刺激手段激发出来"。企业家在进行管理的时候，应该充分考虑到员工所具备的一些额外的能力或者说潜力，这些可能是日常工作中没有表现出来的，但是这并不意味着他们只能做到那么多。设立更高目标就是为了迎合和激发这些潜力，充分调动整个团队的积极性和创造性。

至于如何设立更高的目标、设立更高的目标有什么样的范畴和规定，这需要依据公司的实力来决定，也就是说设定的目标不能高得太离谱，至少短期内的目标还是要符合当前的实际情况的，一旦目标定得太高，让员工觉得遥不可及，反而会挫伤员工的积极性。而如果是长远的战略目标，那么可以适当提高很多。

高目标、高追求的本身就是一种挑战，是一种冒险活动，对员工信心的提升、专注度的提升、责任感的提升、承受能力的提升以及事业心的提升都有很大帮助，更高的目标往往意味着需要更加成熟的心态。而从整个团队来说，还能够有效提升团队合作力，能够促使整个团队完善自己的流程，使其变成一个更加精密高效的队伍，毕竟想要完成更高的目标，就需要完善和改进任何一个环节，确保整个团队的效率最大化。因此，无论是对员工，还是对整个团队来说，更高的目标往往意味着更强大的战斗力。

五、培养员工的事业心

管理学大师德鲁克讲过一个很经典的故事，有个企业家分别问三个正在用石头盖房子的工匠在干什么，第一个工匠说："我终于找到了一份好工作，我在维持生计。"第二个工匠说："我正在做一流的工匠活，做得还不错。"第三个工匠高兴地说："我正在建造一座教堂。"

实际上，这三个工匠的回答代表了三种不同的境界，问题在于他们对于生活和工作的追求不一样。如果将这个故事放到团队中去，实际上可以当成公司三种不同的宗旨。前两者停留在生存方面，而后者则上升到了精神层面，更多的是在展示员工的价值需求，简单地说，第三个工匠是将自己的工作当成一项事业来看待的。很显然，正因为有着强烈的事业心，这个员工愿意付出更多的精力，愿意更加专注地对待自己的工作。

在现实生活中，多数员工都停留在前面两个阶段，他们工作就是为了挣钱，为了养家糊口，为了满足最基本的生活需求，正因为如此，他们的工作积极性很有限，工作中的忠诚度也不算太高，因为只要能给工资，无论在哪里工作，无论做什么工作，无论是为谁工作，对他们来说都是一样的。这些员工并没有从工作中找到自己的兴趣所在，并没有了解和意识到工作本身所具备的价值。

换句话说，多数人都是被动工作的，驱动他们工作的因素就是钱，是各种好的待遇，或者是好的名声。从主观上来说，他们并没有太多的意愿把工作做得多么出色。这样的员工通常容易产生倦怠心理，容易对工作失去兴趣，甚至产生反感心理。而这些会严重影响员工的积极性，会导致员工丧失活力，而对整个企业来说，团队的竞争力和战斗力可能会严重下降。

而那些将工作当成一份事业来看待的员工，往往不需要过多的动员和刺激，就能够主动承担起自己的工作任务和责任，并且尽自己最大的努力将工作做到最好。因为他们并不会觉得自己是在为谁打工，不是为哪个老板工作，他们只为自己而工作，他们必须对自己的未来认真负责。他们有着自己的追求和高层次的需求，他们想要实现个人的价值，就是将工作做得更加出色的动力和保障。

因此，对于领导者来说，他们要做的就是激发和培养员工的这种事业心，让员工意识到自己所从事的工作原有的价值，让他们将自己的人生理想和企业的发展目标紧密结合起来。

管理学理论认为，统一的目标是将员工和企业仅仅维系在一起的最佳方式，如果管理者能够将员工的个人目标和企业的发展目标结合起来，能够让两者保持一致，那么就能够真正让员工感受到"工作等于事业"，这样一来，他们才会愿意将工作当成个人事业来看待。

在很多时候，员工会被灌输一种团队思想，认为个人利益应该服从集体利益，这本来无可厚非，但是却很容易给员工造成一种错觉，认为个人的利益不能随意追求，他们甚至会觉得个人利益和团队利益是相冲突的。正是因为如此，多数员工都会刻意压制自己的某些欲望，转而寻求一些低层次的需求和满足，因为这些需求更容易得到满足，而这样就降低了员工在工作中的积极性。如果领导能够将员工的个人目标和企业的目标联系起来，无疑会激发员工的斗志。

而除了要具备共同的目标之外，还应该确保员工在思想觉悟上有所提高，因此领导还要建立良好的企业文化，培养员工的团队意识，并且让员工在良好的工作环境中上班，让他们感觉到幸福愉悦。同时，领导也要尊重和信任员工，建立起良好的关系。这些做法有助于让员工建立起强烈的归属感，使他们觉得自己是整个团队中不可或缺的一分子，这样他们就更加愿意把团队的利益当成自己的利益来追求了。

另外，事业心的培养通常和员工个人的价值追求有关，当一个员工能够在工作中做出更多的成绩，那么他就会产生更大的信心去拼搏，会形成比较系统的规划。如果领导能够主动为员工的工作创造条件，能够给予更多的帮助，让他们在工作中不断进步，找到工作的乐趣，对他们事业心的培养和形成有很大的作用。

为此，领导可以给予员工更多重要的工作任务，将他们安排在更好的工作岗位上，并给予适当的激励，让他们感觉到公司需要他们，需要他们做出更多的贡献。这样有助于提升他们的责任感和成就感。此外，领导不能仅仅以一个命令者的姿态要求员工无条件地服从公司的规划，而应该鼓励和帮助他们制订更加完善的人生规划和工作计划，这样就可以让员工看得更远，能够增加他们的工作热情。

简单来说，领导需要做好两个方面，第一是将员工当成自己人来看；第二就是将个人利益和团队利益联系起来，找到一个平衡点，这样才能淡化个人和企业之间的冲突，才能够将个人的欲望转化成为工作的动力和梦想。

一旦他们更好地融入到企业当中，理所当然地认为这是自己的工作，这是自己的梦想，就能够全身心地投入到工作当中，能够激发出全部的潜能为自己的事业奋斗到底，而这些奋斗的动力就是推动企业不断变得更加强大的推力。

六、兼收并蓄，招揽不同的人才

在日常工作中，常常会有一些企业家喜欢招聘某一类人才，而且这种单一的倾向性非常明显，比如说专门招收那些高学历人才，喜欢招收和自己性格相近的员工，喜欢那些技术过硬的员工，这样就往往会导致人才的单一、营养不良。如果公司全是高学历人才，那么就很少有人愿意执行任务，做一些最基本的工作；如果公司的员工都和领导是同一类人，那么就很少有人会提出不同的意见和建议，那么企业容易走更多的弯路；如果企业中的员工都是技术派，那么没人搞营销，没人做沟通协调工作，没人搞售后服务，这样一来，整个公司实际上也难以真正发展壮大起来。

汉王刘邦说过："夫运筹帷幄之中，决胜千里之外，吾不如子房；镇国家，抚百姓，给饷馈，不绝粮道，吾不如萧何；连百万之众，战必胜，攻必取，吾不如韩信。三者皆人杰，吾能用之，此吾所以取天下者也。"刘邦认为自己之所以能够成功夺取天下，就是因为任用了不同的人才，才能够打造一支真正的王者之师。

这就是领导的用人之道，真正的用人是要做到兼收并蓄，要确保团队中的人才足够丰富且是多层次的，这样才能建立一个全方位的立体的人才体系。对企业来说，企业发展的各个方面都需要专业的人才，从市场考察、计划的制订、生产、销售、售后服务等各个环节，都需要得到强化和完善，如果出现失衡，那么就会导致整个团队的运作受到影响。就像"木桶理论"一样，决定一个木桶的蓄水量不在于最高的那块木板，而恰恰在于最低的那一块板，因此领导要做的就是尽量将任何一个环节都进行改造，尽量做到各个环节齐头并进。

很多领导喜欢复合型人才，觉得这样的员工什么都会做，但实际上复合型人才并不能解决所有的问题，每一个员工的职位和工作都应该得到强化，应该具有很强的针对性，他们只需要做好自己的分内之事，没有人可以大包大揽。此外，员工的时间和精力也是有限的，一个人不可能身兼数职，否则所有的工作都会陷入僵局。因此最重要的还是应该招收和培养不同类型的人才，这样才符合公司发展的要求。

从某种程度上来说，人才的丰富性和多样化往往决定了企业的竞争力，因为一个企业中不同类型的人才越多，就越能够保障各个环节的强度。对于企业来说，人才并不是单纯的竞争筹码，而是一种拼图，不同类型的人才集合在一起，最终就会形成强大的战斗力。所以对企业家或者领导来说，需要改变过去那种招收人才的机制，改变狭隘的观点，应该更多地接触和接纳不同类型的员工。

有一家跨国公司准备在全球范围内招聘人才，而且老板亲自把关。可是一连好几天都没有招收到满意的人，老板觉得很失望，于是决定暂时停止招收。可是就在他决定暂停招收计划的时候，有个年轻人闯入了办公室，开始毛遂自荐。

老板摇了摇头，打断了他的话，然后反问道："我现在有了最好的技工，有了最好的工程师，有了最出色的会计师，还有非常棒的营销队伍和服务团队，我不知道公司还需要什么，你又能给我什么。因为我看了你的简历，你只是普通大学毕业的。"

年轻人听完后微微一笑，回答说："我想您还需要一个时刻在旁边提醒并为您分担和解忧的秘书，而我干这一行已经五年了。重要的是我会五种不同国家的语言，我想您还可以免费找我当翻译。"

老板看着年轻人自信的微笑，想了想，觉得很有道理，于是就同意让年轻人担任自己的秘书。

好的企业并非总是完美的，应该是不断完善的，这种完善首先就是人才上的完善和补充，企业中的人才应该保持多样化，以适应不同的竞争环境。不过，真正的问题在于，对于企业家来说，能够直接创造价值的员工会更加受他们欢迎，一些搞研发、跑市场的人才，一些高学历的员工可能会受到更多的关注，但实际上很多价值都是隐性的，一些员工的工作看起来毫不起眼，没有直接带动企业的发展，没有直接创造更多的财富，但实际上却是不可或缺的。

美国一家跨国公司准备去刚果谈判金刚石开采的活动，它的主要竞争对手是西班牙的一家不知名企业。美国跨国公司财大势大，还拥有无可比拟的技术优势，因此自认为十拿九稳，觉得刚果政府一定会和自己合作的。谈判那天，公司派出了最好的工程师和技术团队，以及会计师、策划师、律师，还有一大批谈判精英。而西班牙那边只派了一个工程师、两个谈判专家和一个研究刚果文化的教授。

可是最终的谈判结果非常令人意外，刚果政府决定和西班牙的公司合作开采金刚石。美国人觉得很不可思议，于是就去探听消息。刚果政府的谈判人员对他们说："你们只展示了财富和技术，但是却在谈判中犯了两个错误：第一，你们选择的谈判日子是在星期五，而星期五是刚果人最忌讳的；第二你们提交的商务名片上只有美式英文，而不是法文。很显然你们并不了解我们，而西班牙人做得比你们更好。"

　　多数人会认为这是细节上的错误和失误，但是如果从整个企业的人员配置来说，就是一种人才的缺失，而类似的问题很可能还会出现在其他方面。所以坚持兼收并蓄的人才招聘机制对于企业工作的推进很有帮助，它能够减少企业的弱点，将团队打造得更加均衡、更加强大。

七、给企业定一个值得追赶的榜样

对于企业发展来说，企业往往有一个大致的发展目标，不过由于一般的目标具有一定的弹性，而且可大可小，因此一些企业可能会因为目标不够明确或者弹性太大而难以把握。这时候最简单的就是寻找一个特定的对象作为参照物，最常见的办法就是找一家同类型的、发展更好的企业作为榜样和追赶的对象。

这种方法对于企业的发展来说通常都很有效，实际上有很多公司在发展过程中会出现目标定位模糊的问题，一些企业除了挣钱往往缺乏更为明确的计划，企业未来走向哪里、未来要取得的成就、未来想要做些什么、想成为什么样的公司，他们对这些常常感到困惑。而这种困惑很容易让公司的发展陷入混乱，影响员工的工作状态。如果领导希望企业变得更好、更强，希望整个团队能够成为竞争中的佼佼者，那么就应该有更大的追求。

可口可乐公司和百事可乐公司一直以来都处于竞争对立之中，但实际上可口可乐这个先行者最初的成功给了百事可乐很大的激励。为了能够像可口可乐公司一样征服全世界，百事可乐给公司的每个员工都下达了追赶的任务，希望有朝一日能够向这个伟大的先行者看齐。

虽然可口可乐的出现只比百事可乐早了十几年，但实际上可口可乐的发展一直处于领先地位，而且在很长一段时间内优势明显。直到 1960 年，可口可乐的销售额还是百事可乐的 2.5 倍。可是百事可乐不甘于总是被压制，不断激励自己的员工向对手看齐，他们觉得可口可乐既是榜样，也是对手，而公司要做的就是追赶对方的脚步，尽量缩小差距。

正因为坚持这样的信念，百事可乐的员工都非常积极，并以追赶对手为目标，结果到了 1985 年，差距被缩小到了 1.15:1。在那之后，由于全体员工的努力，百事可乐一度超越了可口可乐的销量。而现如今，百事可乐再也不是那个跟在可口可乐公司后面，处处受到压制的饮料公司了，而是一个足以和可口可乐并驾齐驱的巨头。

如果百事可乐安于现状，或者缺乏更为明确的发展方向和目标，那么它最终不是被可口可乐排挤掉，就是被其他竞争对手踢出局。对其他企业来说，也是一样的，由于竞争的日益激烈，现代企业的生存空间会被进一步压缩，生存的压力和发展的难度也会不断增加。与此同时，整个团队的员工很容易在固定的市场定位中产生麻木的心理，这样就限制住了工作的积极性。为此，企业需要拥有足够的动力去加速前进，而寻找一个高高在上的同行当成追赶的对象是最合适的办法，这也是企业家的一种非常有效的心理策略和激励手段。

首先，作为行业的领导者或领先者，那些大公司的发展经验具有很强的借鉴意义，通过学习和追赶，可以掌握更多有用的信息，并且可以缩小企业自身的发展周期。特斯拉公司的总裁马克思就坦言，自己成立特斯拉时就借鉴了那些发展更为成熟的汽车制造企业的经验，甚至是一些成熟的技术。所以特斯拉才能够在短短十年时间之内成为汽车市场的新宠，而且变得越来越强大。

其次，努力追赶那些最强的行业领导者，能够有效激发自身的进取心和竞争意识，能够督促整个团队不断加速发展和完善自己，能够不断寻求突破的方法。很多企业都想要成为行业最强，想要成为最有实力和竞争力的公司，而要做到这一点，首先就是要努力追赶上那些行业领头羊，缩小双方之间的差距，甚至努力去反超对手。

最后，设定一个追赶的目标，实际上也是对自身发展的一次定位，员工们能够更加清醒地意识到自己在做什么、最需要什么、应该怎么做。小米手机在近年来成为了市场上销量不错的手机之一，原因就在于雷军把握住了市场发展的动向，了解了手机技术的发展方向，而这一切都是因为苹果手机和三星手机的发展为后来者打通了道路。小米始终紧跟巨头们的步伐，这样就可以更好地对自己进行市场定位，就可以更好地制订相应的战略规划和发展计划。

对企业来说，寻找一个追赶的对象是非常有必要的，这样等于是为企业的发展寻找到了更大的动力。这种追赶可以是一次性的战略定位，也可以是阶段性的对象设定。一般来说，长远的战略性的安排更适合于那些比自己强大很多的公司，企业现有的资金、技术和市场难以与之匹敌，只能在发展过程中慢慢发力，不断缩小差距。而阶段性的对象设定则相对容易一些，周期也相对比较短，更重要的是每实现一次赶超，都会提升团队的自信心和成就感，从而提升工作的积极性。

无论采取什么追赶策略，作为企业的领导者都应该有足够的勇气和魅力来说服整个团队去奋斗，让整个团队保持足够的耐心和信心慢慢实现自己的目标，一旦这种追赶能够持续下去，那么就能够有效提升团队的战斗力。